AF613702

ADDITIONS

AU

MÉMOIRE *HISTORIQUE* ET CRITIQUE

De la vie de ROGER DE ST. LARY DE BELLEGARDE, *maréchal de France.*

Par Mr. le Marquis de C***.

BIBLIOTHEQUE DE L'ARSENAL

A PARIS;

M. DCC. LXVII.

8°. H. 6565

PRÉFACE

De l'Auteur des Additions.

PLusieurs auteurs très-judicieux ont donné des additions à des mémoires & à des histoires célebres; telles sont les additions de Mr. le Laboureur aux mémoires de Castelnau, & plusieurs autres qu'il est superflu de citer. Ce n'est point d'ailleurs un esprit d'ostentation qui m'engage de donner ces additions; je ne dis rien de moi-même; j'expose seulement les écrits des autres. On ne doit pas par conséquent regarder les additions que je présente comme un hors-d'œuvre, puisqu'elles servent principalement d'éclaircissement à la conjuration formée par le maréchal de Bellegarde contre la ville d'Avignon. Ce trait d'histoire est très-embrouillé dans les mémoires de Mr. Secousse; il n'en parle qu'en passant & très-légerement; & il ne présente même qu'une confusion d'idées. Cet habile critique dans ses mêmes mémoires historiques sur la vie du maréchal de Bellegarde, imprimés à Paris en 1764, *s'exprime ainsi à la page* 150. Fantoni parlant d'Anselme dans l'histoire d'Avignon, dit seulement en passant, qu'on lui avoit imputé d'avoir voulu livrer Avignon au maréchal de Bellegarde.

Si Mr. Secousse avoit lu avec plus d'attention Fantoni, *il auroit avoué que cet historien est entré, quoiqu'avec reserve & ménagement, dans un détail très-circonstancié sur l'affreux complot formé par le maréchal de Bellegarde & Anselme, pour s'emparer d'Avignon. La traduction fidele que nous en donnons, prouve cette vérité. Nous y joindrons la vie du maréchal de Bellegarde, composée par Brantome, celle de Bernard de la Valette, par Mauroy son secretaire, & plusieurs traits répandus dans des manuscrits qui n'ont pas encore vu le jour, & qui ont été faits par des auteurs contemporains. Ce secours a manqué à Mr. Secousse; ainsi il n'est pas surprenant qu'il ait ignoré les principales circonstances de la conjuration d'Avignon.*

Je pardonne aux philosophes un peu d'obscurité, *dit un auteur agréable*, Aristote leur pere est assez obscur; mais je ne puis souffrir que les historiens parlent obscurément. *Le fond de la vie du maréchal de Bellegarde par Mr. Secousse est de ce genre & avoit besoin d'être mieux développé. Ainsi il m'a paru nécessaire pour corriger & éclaircir ce qu'il y a de défectueux de réunir dans ce volume toutes les portions des faits dispersés dans différens ouvrages.*

Voici l'ordre que j'ai observé dans l'arrangement des pieces qui composent ces additions.

La premiere partie contient la vie du maréchal de Bellegarde, qu'on trouve à la fin du troisieme volume des hommes illustres de Pierre de Bourdeille, seigneur de Brantome, de l'édition de Leyde 1666.

La seconde partie présentera plusieurs observations historiques & critiques parmi lesquelles on trouvera une lettre de Mr. de Lesdiguieres au maréchal de Bellegarde, &

la réponse de ce maréchal; des fragments des mémoires de noble Jean de Morelli, & de Mr. Bertrand citoyens d'Avignon & auteurs contemporains. Ces trois pieces sont manuscrites, & sont conservées dans la bibliotheque de Mr. le marquis de Cambis-Velleron. J'y ai ajouté la traduction d'un morceau de l'histoire d'Avignon par Fantoni relatif à la conjuration du maréchal de Bellegarde.

Je rapporte dans la troisieme partie, le discours de la vie & faits héroïques de Mr. de la Valette, admiral de France, gouverneur & lieutenant-général pour le roi en Provence, & de ce qui s'est passé dans ledit pays durant qu'il y a commandé; comme aussi de ce qui avoit été par lui fait auparavant en Piémont & Dauphiné, pendant que ledit seigneur a eu la charge & gouvernement desdites provinces, sous les regnes de deux rois, Henri III. & Henri IV. imprimé à Metz par Domenge Brecquin 1624. *in-quarto.*

Cet ouvrage composé par Mauroy, secretaire de Mr. de la Valette, témoin oculaire de tous les faits qu'il rapporte, a été inconnu à Mr. Jacques-Auguste de Thou, parce que cet auteur étoit mort à Paris le 7. Mai 1617. & que Mauroy n'a publié la vie de Mr. de la Valette qu'en l'année 1624 Cet ouvrage si intéressant étoit devenu fort rare. Ainsi je crois que le public le recevra avec satisfaction.

Je conviens que ce volume paroîtra décousu; mais la vie du maréchal de Bellegarde par Mr. Secousse ne perdra rien de son mérite; car ces additions étoient indis-

pensables & même essentielles pour la faire paroître & la produire avec tous ses appuis ; & ce célebre Auteur ne les trouveroit certainement pas déplacées. Il y a d'ailleurs dans les ouvrages de ce genre une certaine confusion qui a ses charmes, aussi-bien que l'ordre dans ceux qui sont plus méthodiques.

Au reste, ces additions portent le caractere que le feu marquis de Lassai desiroit. Un grand sens, *dit cet esprit délicat,* & quelque chose de bien vrai renfermé en peu de paroles, qui l'expriment parfaitement, est ce qui touche le plus mon goût dans les ouvrages. *Ainsi, je me flatte que ces additions étant dans ce genre, mériteront un accueil favorable du Public. Je n'observerai pas les mêmes reserves pratiquées par Fantoni, qui a eu la prudence de ne pas publier les noms des prétendus complices de l'horrible complot contre Avignon ; il ne nomme que Bellegarde & Anselme. J'ai cru ne devoir pas être si circonspect, d'autant plus qu'une tradition constante nous assure que le commissaire Italien* George Diedo *agit très témérairement & avec beaucoup de précipitation dans sa procédure. Les hommes s'aveuglent souvent dans leurs sentimens & dans leur zele. En effet, ces prétendus coupables déclarerent publiquement leur innocence dans le moment même qu'ils alloient rendre au Seigneur un compte rigoureux de toutes les actions de leurs vies. Leur mémoire fut dans la suite justifiée, & la procédure criminelle brûlée.*

VIE
DE ROGER DE St. LARY
DE BELLEGARDE,
MARÉCHAL DE FRANCE,

Par Messire Pierre de Bourdille, Seigneur de Brantome.

Onsieur de Bellegarde fut en ses jeunes ans dédié par son pere à l'Eglise, & longtemps fut appellé le prevost d'Ours, qui est une dignité ecclésiastique que je ne say où, si ce n'est en son pays. Lorsqu'il estudioit en Avignon, il lui avint, comme est la coustume des escoliers ribleurs & débauchés, de ribler & battre le pavé, tellement qu'il fit un meurtre d'un autre escolier, & pour ce lui convint de vuider la ville & s'en aller en Corsegue trouver Mr. de Termes son oncle, qui estoit alors lieutenant du roy, & laissant sa robbe il prit les armes, par lesquelles se fit fort paroistre en un rien; car il estoit très-beau & très-vaillant, & de fort belle façon & haute taille, & avoit force sçavoir. Se faschant là, & n'y ayant gueres rien gagné plus que faire, & que son oncle se retira, il tira en Piedmont, où il commanda à une compagnie de chevaux-légers. Mr. de Moissans, qui vit encore, & qui commande à la compagnie du roy de Navarre, estoit alors son cornette. Il se porta très-vaillamment & dignement en cette charge, & parloit-on fort du capitaine Bellegarde. Il fut puis après enseigne & lieutenant de Mr. le mareschal de Termes son oncle. Après la paix faite entre les deux roys, son oncle mort aux premieres guerres, sa compagnie fut départie la moitié à Mr. de Martigues, & l'autre à Mr. des Cars; & Mr. de Bellegarde, qui en estoit lieutenant, n'en eut rien, en quoy on luy fit un très-grand tort, parce qu'il en estoit lieutenant, & de droit de guerre en devoit avoir quelque chose, comme le méritant très-bien, & l'eust très-bien conduite & fait très-bien combattre. Il ne laissa pourtant à faire la guerre d'alors à la cour, mais tout posément. La paix venue le seigneur du Perron, depuis comte de Retz, qui estoit le seul favory du Roy Charles, le prit en amitié au voyage de Provence & d'Avignon, le fit lieutenant de sa compagnie de gendarmes, dont aucuns s'estonnerent, comme ayant pris cette charge, l'ayant esté d'un grand mareschal de France, & s'abaisser de l'estre de ce capitaine nouveau venu, qui n'avoit jamais rien veu ny fait, & avoit eu cette compagnie comme une vraye commanderie de grace: mais ledit Bellegarde s'accommoda lors à la faveur, & fit très-bien ses affaires, & pour l'amour de lui il en eut de beaux dons du roy; entr'autres une commanderie de l'ordre de Calatrava d'Espagne, qui est en Gascogne & près de sa maison, & n'y en a aucune en France que celle-là, & vaut quinze cents ducats de rente & plus; il l'obtint fort bien par faveur, car le roy en escrivit fort d'affection au roy & à la reyne d'Espagne sa sœur pour la favoriser: il y eut un peu de peine, à cause des statuts de l'ordre, desquels le roy en estoit, & grand observateur. J'estois alors en Espagne, & la reyne m'en parla, & qu'il y avoit eu de la difficulté; mais qu'elle avoit tant prié le roy, qu'il la luy avoit accordée, & me demanda si je le connoissois, qu'elle ne l'avoit jamais veu à la cour du temps du roy son pere. Je lui dis qu'il avoit toujours demeuré en Piedmont, & que c'estoit un fort brave & vaillant gentilhomme. Il garda quelque temps la lieutenance dudit du Perron & comte de Retz; mais il la quitta par après qu'il estoit plus plein qu'il n'avoit esté autrefois. Il estoit souvent avec luy & le recherchoit toujours, & ledit du Perron l'employoit fort pour ses affaires particulieres, & mesme pour traiter & négocier son mariage, lorsqu'il estoit encore son lieutenant, avec la dame qu'il a aujourd'hui pour femme, qui estoit veuve de Mr. d'Annebaut, & l'envoya vers elle à sa mere madame de Dampierre ma tante, & partismes tous deux ensemble d'Arles. Moy estant venu d'Espagne, j'allay faire un tour en ma maison, où je n'avois esté il y avoit deux ans, je pris le grand chemin de la poste de Languedoc & Gascogne & Bourdeaux. Luy prit le chemin de Dauphiné, Lyon, Paris & Guyenne: c'étoit à qui arriveroit plutost. J'arrivay huit jours avant luy, parce qu'il s'amusa à Paris, me dit-il, & courions chacun à cinq chevaux de poste, autant l'un que l'autre, & nous séparasmes en Avignon. Nous fismes le voyage de Malthe, où il se trouva, & fut fort honnoré & respecté de Mr. le grand maistre, de Mr. le marquis de Pescaire & les autres grands, tant de la religion que de l'armée Espagnolle & Italienne; car il estoit homme de très-bonne apparence & de très-beau discours, & le plus ancien de tous nos autres, non qu'autrement nous lui déférissions, sinon entant qu'il nous plaisoit. Il estoit un très-bon duelliste, & entendoit très-bien à démesler une querelle, ainsi qu'il fut appellé à quelqu'une, nous estant là de par Mr. le grand maistre & Mr. le marquis; ce qui lui fut un grand honneur. Il tiroit aussi très-bien des armes, & luy faisoit très-beau voir en main, & n'en laissa ny discontinua jamais l'exercice jusques à sa mort; & quelques années après Monsieur frere du roy le prit en amitié, autant pour sa suffisance, & qu'il attiroit en ce qu'il pouvoit les honnestes gens à luy , quep a le moyen de Mr. du Gua, qui gouvernoit paisiblement Mr. son maistre, & pour ce luy faisoit tout plein de faveur ; mesme qu'il luy octroya l'estat de colonnel de son infanterie, sans penser à sa parole qu'il avoit premiérement donnée au Sr. du Gua, qu'il devoit mener en Pologne, dont j'en parlerai ailleurs, & du différent sur ce sujet entre luy & Mr du Gua, & comme pour l'amour de cela en partie cette infanterie ne s'y conduisit. Nonobstant ils ne furent jamais bons amys depuis, & furent en Pologne avec le roy, où l'un & l'autre ni demeurerent gueres qu'ils s'en départirent ; l'un s'en vint à la cour, & Mr. de Bellegarde alla en Piedmont, où il n'y fut pas plustôt que la mort du roy Charles entrevint, & la partance du roy nouveau de Pologne, qui fut à l'improviste & à la dérobade, & très-mal accompagné ; dont bien lui servit, ainsi que j'en discouray très-bien en sa vie pour son dire propre, qu'il me fit cet honneur un jour de m'adresser les propos à Lyon à son coucher, ainsi que je le deschaussois. Mr. de Bellegarde, qui estoit très-habile, prit l'occasion au point de discourir à Mr. de Savoye de la venue du roy, & du recueil qu'il lui doit faire pour son devoir & l'assistance qui lui doit porter ; en parle de mesme aux potentats d'Italie, & à Messieurs de Venise ; enfin il les trouve tretous si bien préparés qu'ils n'attendent rien tant que sa venuë pour luy faire paroistre leur devoir, obéissance & amitié. Après il part en poste & va au devant du roy, qu'il trouve à la Carinthie, luy discourut sa négociation qu'il avoit entreprise de luy-mesme, pensant qu'il eut failly s'il eut fait autrement. Là-dessus ne faut douter s'il luy en sceut un très bon gré, l'embrasse, l'ayme plus que jamais, le caresse ; si bien qu'il possede le roy, le gouverne paisiblement, tout passe par ses mains & son conseil & ses affaires, car il estoit seul de charge, se fait admirer, honnorer & aimer de tous les grands d'Italie. Ce ne fut pas tout, le fait maréchal de France ; au lieu de deux prisonniers en la Bastille, lui fait don de trente mille livres de rente en biens d'église ou autrement. Bref, on le vit tout à coup si regorgé de faveurs, grades & biens, que nous ne l'appellions à la cour que le torrent de la faveur ; si que tout le monde s'en estonnoit, & ne faisoit-on que parler de ce torrent, mesmes la reyne n'en sçavoit que dire, vers laquelle le roy l'envoya un jour avant qu'il vint, pour lui annoncer son heureuse venuë & luy conférer toutes ses plus privées affaires, qu'il ne vouloit commettre à autre qu'à luy. Je le vis venir dans le carrosse du roy, qu'il luy avoit presté, qui tenoit fort bien sa morgue à l'endroit de la reyne, de Monsieur, du roi de Navarre, qu'il rencontra en chemin où j'estois. Je ne l'eusse jamais pris pour celui que j'avois veu, & disoit-on qu'il en faisoit trop pour un commencement. Mr. du Gua, mon grand

grand amy, me disoit bien tousjours qu'il n'avoit encore veu le roy. Laisse-moi parler au roy une heure, tu verras que je feray bien-tost escouler ce torrent en une heure, & rentrer & se cacher bien-tost en son lict & premier chetif berceau où on l'a veu. Comme il dit vray, car en un rien on vit le roy fort rafroidy en son endroit, luy faire la mine froide & dédaigneuse, comme il la sçavoit tres-bien faire quand il vouloit, ne luy parlant plus d'affaires & la porte du cabinet luy estant refusée le plus souvent. Enfin le voilà tout changé en un tourne-main de ce qu'on ne le venoit voir adesso, comme dit l'Italien, & de frais, fort ravalé. Si bien qu'à la cour on ne sçavoit ce qu'on devoit plus admirer, ou la fortune de cet homme, qu'on avoit veu hier tres-haute & tres-grande, ou son petit ravalement d'aujourd'hui; dont aucuns en rioient bien, car avant il faisoit trop du grand, veu ce qu'il avoit esté, & c'est ce qu'il nous dit un jour, à Mr. de Strozze & à moy, qui estions de ses bons amys, & le luy montrasmes mieux en son adversité qu'il ne nous avoit montré en sa prosperité, en laquelle il se perdoit trop, qu'il eust mieux aymé cent fois que la reyne ne l'eust point élevé si haut & en si peu de temps, que tout à coup l'avoir précipité comme d'un haut rocher en bas, pour le perdre & deshonorer, & qu'une telle & si haute cheute luy estoit plus griéve. Il nous dit cela quasi la larme à l'œil, & nous faisoit pitié. Ce ne fut pas tout ; pour l'oster de la cour le roy lui donna la charge d'aller assiéger Civron en Dauphiné ; car puis qu'il estoit fait Mr. le mareschal, il falloit bien l'envoyer pour faciliter son passage d'Avignon, charge certes qui fut fort fascheuse & ruineuse, dont il s'en fut bien passé, venant d'une fontaine claire de fortune, s'aller baigner dans une eau bourbeuse & toute gasoullée de disgrace & defaveur. Sept ou huit mois après, pour se défaire de cet homme, qui pesoit fort sur les bras, comme un chacun voioit, on lui donna la commission de s'en aller en Pologne, pour rabiller les affaires du roy, qui étoient fort decousuës ; commission seulement inventée pour s'en décharger, ainsi qu'il me le dit quand il partit, que si on ne luy donnoit l'argent qu'il demandoit & qu'on luy avoit promis, qu'il ne passeroit pas Piedmont. Ce qu'il fit, & y demeura, autant pour ce sujet que pour tenir bonne compagnie à Madame la mareschalle de Termes sa tante, de laquelle il avoit esté fort long-temps amoureux, que puis après il espousa avec dispense. Mais sur la fin on disoit à la cour qu'i lne la traittoit pas trop bien, pour pratiquer le proverbe, amours & mariages qui se font par amourettes, finissent par noisettes.

Enfin après plusieurs mescontentemens du roy, ce mareschal dépité se banda contre luy, s'entend sous main avec Mr. de Savoie, de qui il estoit fort serviteur & grand amy de tout temps, comme je l'ai vu, confere & pratique avec le marquis d'Ayamont, gouverneur de l'état de Milan, en prend de bons doublons, (ce disoit-on à la cour) car autrement ne se pouvoit-il bander contre le roy ny lui faire reste, & luy fait perdre en un rien tout le marquisat de Saluces. J'estois alors à la cour que les nouvelles en vinrent au roy, qui en fut fort esmeu, & que la citadelle de Carmagnole tenoit encore.

Le roi depescha aussi-tost le Sr. de Lussan, mestre de camp des bandes de Piedmont, pour la secourir; mais nous donnasmes la garde que nous le vismes retourner que tout estoit perdu, ainsi que nous estions de quelque jeunesse de la cour aucun prests d'y aller. Dequoy j'en vis le roy fort triste. Il envoya le Sr. de la Valette le jeune, aujourd'huy Mr. d'Espernon, qui commençoit d'entrer alors en grand' faveur, & estoit nepveu dudit mareschal, qui y alla en poste, & le vis partir avec grande esperance d'y faire quelque chose de bon & reduire son oncle: mais il n'y gagna rien & s'en retourna ainsi. La reine mere vint après, tournant de son voyage de Gascogne, Provence & Languedoc, qui fit un plus beau coup, car elle fit tant que Mr. de Savoye & elle s'aboucherent à Montlouël près de Lyon, où il avoit amené avec luy le ledit mareschal, qu'il soustenoit & favorisoit fort, & le faisoit coucher ordinairement en sa chambre. Elle luy fit tout plein de remonstrances. Luy ores planant, ores continuant, ores connivant, & ores connillant & amusant la reyne de belles paroles, se trouva atteint de maladie par belle poison, de laquelle il mourut. Ledit marquisat ne laissa pour cela à estre brouillé & en bracquerie, car son fils, le jeune Bellegarde du depuis, fut persuadé de tenir bon pour Mr. de Savoye, & aucuns braves & vaillans capitaines de son pere, comme estoit le brave & déterminé Espiart, Provençal, qui depuis se tua en faisant jouer un petard en un poste d'Arles, qu'il vouloit prendre pour Mr. de Savoye d'aujourd'hui, & Anselme, aussi du Languedoc ou de Provence, je ne sçay pas bien des deux, bien que je l'aye fort connu & mon amy, gentil & habile, & qui rendit la ville Santal imprenable, qui auparavant n'estoit rien.

Le mareschal de Rets fut envoyé de par le roy pour appaiser tout, gagner Mr. de Savoye, le jeune Bellegarde, les capitaines, & reduire ledit marquisat à son premier maistre & roy ; ce qu'il fit avec force argent, dont il contenta les capitaines, car il avoit bon crédit avec les banquiers.

Mais nonobstant si Monsieur frere du roy n'y eust envoyé le Sr. de la Fin, dit la Nocle, un très-habile gentilhomme, vers Mr. de Savoye & les capitaines qui l'aymoient, & le vouloient servir ailleurs que là, qui les gagna tous par belles paroles & promesses, on disoit que le mareschal de Rets s'en fust retourné sans rien faire, & son argent ſé fuſt trouvé de mauvais aloy. Le gouvernement donné à l'aiſné la Valette, & puis-après perdu, comme chacun ſçait, & que j'en parle ailleurs. Voilà comment ſe perdit ce marquiſat, & tout par un dépit.

Nous trouvons qu'aucuns de nos roys & de nos modernes, ont été fort ſubjets à changer ainſi la fortune d'aucuns leurs favorys, & les faire rouer (*a*) autour de la roue, ainſi qu'il leur a pleu, & l'humeur leur en prenoit, ou ſelon les ſujets qu'ils leur en ont donné. Le roy Louis XI. s'en fit appeller le maiſtre. Peu, ou nullement, le roy Charles ſon fils. De meſme le roy Louis XII. Le roy François en fut bon changeur, plus qu'un changeur ne fait en ſa banque; ainſi qu'il le fit paroiſtre tout-à-coup à Mr. le conneſtable, l'admiral Brion, le chancelier Poyet. Le roy Henry ne le fut nullement, ni les Roys François & Charles, ſes enfans. Mais, Henry III, & Mr. d'Alençon, ils en ont eſté bons maiſtres ceux-là, ainſi que j'eſpére l'écrire amplement en leurs vies (*b*).

Ces changemens quelquefois nuyſent, quelquefois profitent; mais meſcontenter un cœur généreux, lui fait concevoir un grand deſpit, & ſonger choſe qu'il ne ſongea jamais. Je ne veux faire aucune comparaiſon; car, je ne ſuis qu'un ver de terre. Mais, lorſque le feu roy Henry III. me donna un meſcontente-

(*a*) *C'eſt à dire*, tourner.
(*b*) *On ne les a point.*

ment une fois, je jurai, renyay, & protestay que je ne lui ferois jamais service, ni à roy de France, tant que je vivrois. Le sujet en fut tel.

Lorsque Mr. de de Bourdeille, mon frere, mourut, je lui avois demandé un peu auparavant l'estat de séneschal & gouverneur de Périgord, que tenoit mondit frere, pour son fils aisné. Il me demanda quel âge il avoit ? Je lui dis qu'il pouvoit avoir neuf ans, & qu'il en avoit esté le parrain, comme il le sçavoit bien. Il me respondit qu'il estoit trop jeune, pour en exercer l'estat ; mais qu'il vouloit que je l'eusse, & qu'il me le donnoit de très-bon cœur ; & que, quelque jour, si je venois à être vieux, & que j'aymasse mon repos, je le pourrois donner à mon nepveu, s'il estoit capable, & s'il ensuivoit ses prédécesseurs, qui avoient esté tous gens de bien, & de bon service à la couronne de France. Il ne me le dit ni confirma pas une fois, deux fois, mais plusieurs fois ; & mesme une fois, du jour des nopces de la princesse de Conty, qu'il la menoit danser le grand bal ; à la premiere pause il m'appella, & me demanda de la disposition de mondit frere, que je luy dis très-mauvaise, & sur ce, me confirma encore sa premiere parole. Je le priay, en riant, & gaussant avec luy ; car il prenoit plaisir de m'entretenir ainsi, qu'il s'en souvint bien donc : car, on m'avoit dit qu'il y avoit gens qui le briguoient, & fut Mr. d'Espernon, qui me le dit le premier dans le petit jeu de paulme du louvre, & que j'y prisse garde, & qu'il m'y serviroit d'amy. Le roy me respondit que je m'asseurasse de sa parole, & que jamais il ne l'avoit rompue à qui il l'avoit donnée, & ne commenceroit pas à moi. Et je jure Dieu, & je proteste que je me soucyois autant de cet estat, que de Tridet ; car j'ay toujours aimé ma liberté.

Au bout de huit jours, voicy venir une résignation que mon frere avoit faite au Sr. d'Aubeterre ; parce qu'il le pria de la luy faire, & qu'il la prendroit pour la moitié du mariage qu'il lui avoit promis de sa seconde fille qu'il lui avoit donnée. Le mareschal de Retz, & ma tante, (fort desnaturée à ce coup par moy,) prierent le roy d'admettre ladite résignation ; ce qu'il fit, & l'accorda. Je le sceus aussi-tost & l'un de mes amys, des privez du roy, m'en advertit.

Ce fut donc par un matin second jour du premier de l'an, qu'ainsi qu'il venoit de sa cérémonie du saint Esprit, & qu'il disnoit, je luy en fis ma plainte, plutost en colere qu'en pitié, ainsi qu'il le cognut. Il m'en fit des excuses, bien qu'il fut mon roy. Entre autres ses raisons, me dit que bonnement il ne pouvoit refuser une résignation qu'on luy présentoit ; qu'autrement il seroit injuste. Je ne lui respondis autre chose, sinon : « Eh bien, Sire, vous ne m'avez donné ce coup grand sujet de vous » faire jamais service, comme j'ai fait. » Je partis, & m'en vais fort despit. Je rencontray aucuns de mes compagnons, ausquels je contay tout, & dis & juray & renyay, & protestay que quand j'aurois eu mille vies, je n'en employerois jamais une pour roys de France; que jamais, au grand jamais, je ne leur ferois service. Sur ce, je maudis ma fortune; je déteste la grace du roy; je mesprise, en haussant le bec, aucuns marauts, qui estoient pleins de fortune & bien-faits du roy, qui ne les méritoient nullement comme moy.

J'avois par cas à la ceinture pendue la clef dorée de la chambre du roy. Je la détache, je la prends, & la jette du quay des Augustins dans la riviere. Je n'entre plus dans la chambre du roy, je l'abhorre, & jure encore de n'y entrer jamais; mais, je pratique pourtant tousjours la cour, allant à la chambre de la reyne, qui me faisoit cet honneur de m'aymer, de ses filles, des dames, des princesses, & des princes & seigneurs mes bons amys.

Je parle tout haut de mon mescontentement pourtant, & ne le céle point: si bien que le roy l'ayant sçeu, m'en fit dire quelques mots par Mr. du Halde, de patienter. Ce Mr. du Halde estoit son premier valet de chambre, & le plus digne, qui eut ny qui aura jamais cette charge, & qui aimoit autant les honnestes gens, & faisoit pour eux, & estoit fort mon grand amy. Je dis tousjours que j'estois fort serviteur du roy, & rien que cela ne disois.

Monsieur, frere du roy, me fit parler pour estre à luy ; car il m'aymoit fort naturellement ; & ne faut point douter que sans sa mort je l'eusse suivy. Que maudite soit-elle, qui me l'a ravi, & à d'autres honnestes gens, qui avoient mis sur lui leur confiance comme moy.

La ligue se remue. Mr. de Guise, qui aussi m'aimoit fort, m'en parle assez sobrement, sans déclarer contre qui il en vouloit. Je fus aussi sobre en response, mais pourtant en volonté de courir sa fortune, n'estoit que dès long-temps je congnoissois le naturel d'aucuns de cette maison, qui sont prompts à rechercher les personnes, & aussi soudains à les quitter, quand ils en ont fait : aussi qu'il n'y a que servir les grandes royautez : Sur ce, je me resous de vendre tout, si peu de bien que j'ay en France, & m'en aller, comme j'en discourus au comte, seulement de demander congé au roy, pour n'estre dit transfuge, pour me retirer ailleurs où je me trouvois mieux qu'en son royaume, & me démettre du serment de subject. Je croy qu'il ne m'eust sçeu desnyer ma requeste ; car chacun est libre de changer de terre, & s'en aller eslire ailleurs d'autre.

Ce ne fut pas tout : car en ma plus belle vigueur & gaillardise, pour mener encore les mains, un meschant cheval malheureux, en se cabrant, vilainement se renversa sur moy, me brisa & fracassa tous les reyns ; si que je demeuray quatre ans dans le lict, estroppié & perclus de mes membres, sans me remuer qu'avec toutes les douleurs &

tourmens du monde ; ou à me remettre un peu dans ma santé, qui n'est telle, & ne sera jamais, comme elle a esté, pour servir jamais roy ne prince, ni accomplir le moindre de mes desseins, que j'avois auparavant projecté. Ainsi l'homme propose, & Dieu dispose. Dieu fait tout pour le mieux. Par quoi en soit-il loué. Voilà ce que font les despits & mescontentemens.

Feu Mr. le connestable a eu cette opinion durant ses grandes faveurs, que tousjours il appaiseroit un gentilhomme mal-content, par une ambassade ou petite caresse de son roy. Cela est bien changé depuis ; & le roy François disoit au contraire que le plus dangereux animal de son royaume estoit le gentilhomme mal content. Il le disoit à propos de Mr. de Bourbon, qui lui fit bien sentir.

Pour faire fin, si ces despits & mescontentemens ont poussé Mr. le mareschal de Bellegarde à faire ce qu'il fit, ne s'en faut esbahir : & croy qu'il en eust fait pis possible, s'il eust encore vescu ; car il avoit la valeur très-grande & l'esprit très-bon, & un grand sçavoir : & ces gens sçavans qui ont leu, tirent des lettres & histoires des exemples à ce qu'ils s'estudient imiter selon leurs passions, affections & volontés.

OBSERVATION HISTORIQUE.

Sur la vie de Bernard de la Valette.

BErnard de Nogaret, ſeigneur de la Valette, chevalier des ordres du roi, gouverneur du marquiſat de Saluces, de Dauphiné, de Lyon & de Provence, amiral de France, meſtre de camp de la cavalerie légere, né en 1553. étoit fils de Jean de Nogaret, ſeigneur de la Valette, & de Jeanne de St. Lary-Bellegarde. Il commença à porter les armes ſous Mr. de Gourdon : il ſe ſignala en Piémont en diverſes occaſions ; il fut pourvu du gouvernement de Saluces, à la place du jeune Céſar de Bellegarde ſon couſin, fils du maréchal de ce nom ; & quelque temps après la faveur de Jean-Louis de Nogaret, duc d'Epernon, ſon frere puîné lui fit avoir la charge de meſtre de camp de la cavalerie legere, que leur pere avoit poſſédée. Il fut pourvu du gouvernement de Dauphiné en 1583. où il défit au paſſage de la riviere d'Iſere, aſſiſté du maréchal d'Ornano, quatre cents arquebuſiers François, & trois mille Suiſſes ; de-là il paſſa en Provence, dont il eut la lieutenance générale en l'abſence de ſon frere, puis le gouvernement en chef le 7. Décembre 1587. Il remit en 1588. ſous l'obéiſſance du roi Valenſole & Digne ; il fut enſuite créé amiral de

France ſur la démiſſion de ſon frere ; il fit lever le ſiege de Barcelonette au duc de Savoie ; il ſe joignit au duc de Lesdiguieres, avec lequel il défit les troupes de ce prince au combat d'Eſparon, le 15. Avril 1591. le mit encore en déroute à Vinon, & l'obligea à repaſſer les monts : & ayant mis le ſiege devant Roquebrune en Provence, il y fut malheureuſement bleſſé à mort d'une mouſquetade à la tête, en faiſant établir une batterie de canon le 11. Février 1592. On le porta dans ſa tente, où il mourut quelques heures après en la trente-cinquieme année de ſon âge.

Bernard de la Valette avoit épouſé au commencement de l'année 1582. Anne de Batarnay, fille de René de Batarnay, comte de Bouchaye, & d'Iſabelle de Savoie, fille de René légitimé de Savoie, grand maître de France, & d'Anne, comteſſe de Tende. Il mourut ſans poſtérité.

La Valette joignoit à la ſagacité d'eſprit beaucoup de valeur & d'intrépidité. Ce ſeigneur avec une poignée de monde, avoit ſoutenu glorieuſement les efforts du duc de Savoie, dont les troupes étoient fort ſupérieures aux ſiennes. En un mot la Valette étoit de la force du connétable de Lesdiguieres, tant pour la bravoure que pour la capacité militaire. C'étoit un ſeigneur doux, ſage, bienfaiſant, & auſſi modeſte que ſon frere le duc d'Epernon étoit vain & inſupportable. Ces deux freres s'aimoient ſi fort, que le duc en faveur de l'autre

tre se démit généreusement de la charge d'amiral de France.

Mauroy, sécretaire de Bernard de la Valette, publia, il y a cent quarante ans, la vie de ce général; c'est celle que nous présentons : nous y avons ajouté quelques notes historiques, qui nous ont paru indispensables & nécessaires; mais seulement pour la partie qui concerne le Dauphiné & la Provence. Les éclaircissemens publiés par Mr. Secousse, sur la petite guerre du marquisat de Saluces, nous dispensent de les renouveller inutilement. Au reste, cette vie de la Valette, par Mauroy, est un monument précieux, parce qu'il donne un grand & exact détail de tous les événemens du marquisat de Saluces, du Dauphiné & de la Provence.

Voici l'éloge que Mr. Secousse fait de cet ouvrage important, dans ses mémoires sur la vie du maréchal de Bellegarde, Partie I. pages 6. & 7. *En qualité de sécretaire, Mauroy avoit suivi la Valette dans le marquisat de Saluces, dont le gouvernement lui fut donné après la mort du maréchal de Bellegarde. Mauroy fut à portée de s'instruire par lui-même, & sur les lieux, de tout ce qui concernoit la révolte de ce maréchal : il lui passa par les mains des lettres secrettes qui découvroient les intelligences qu'il entretenoit avec le duc de Savoie; & après la mort de Bellegarde, cet auteur fut employé dans les négociations qui se firent pour appaiser les troubles du marquisat de Saluces ......*

Mr. Secousse rapporte, partie IV. pag.

264. & 265. du même ouvrage, que nous venons de citer, qu'en l'année 1580. César de Bellegarde, fils du maréchal eut entre les villes de Saluces & de Revel une conférence avec la Valette ; & que Bellegarde voulant donner à *Mauroy*, secretaire de la Valette, des marques de confiance, il lui fit communiquer par *Mathurin Chartier*, secretaire du feu maréchal son pere, les lettres qu'Emmanuel-Philibert, duc de Savoie, & le maréchal de Bellegarde s'étoient réciproquement écrites, & qui découvroient le mystere de leurs intrigues secrettes. *C'est d'après ces lettres originales*, ajoute Mr. Secousse, *que Mauroy les a développées dans son ouvrage.*

Nous en avons une partie dans le tome V. de l'*histoire militaire des Suisses, par Mr. le baron de Zur-Lauben, chevalier de l'ordre militaire de saint Louis, brigadier des armées du roi, capitaine au régiment des gardes de Sa Majesté, & honoraire étranger de l'académie royale des inscriptions & belles-lettres.* On trouve dans tous les ouvrages de cet illustre & savant auteur, des particularités très-intéressantes.

OBSERVATION HISTORIQUE

Sur la lettre de Mr. de Lesdiguieres au maréchal Roger de Bellegarde, & sur la réponse du maréchal de Bellegarde à Mr. de Lesdiguieres, en date du 5. & du 7. Mars 1578.

HENRI III. ayant craint que les protestans n'appellassent des troupes étrangeres dans le royaume, leur accorda une nouvelle paix. Cet édit fut donné à Poitiers, au mois de Septembre de l'année 1577. Il fut ensuite lu, publié, & enrégistré au parlement de Paris le 8. Octobre de la même année. Cette paix étoit moins favorable aux huguenots que la premiere. C'est pour ce sujet que Lesdiguieres & les autres chefs de son parti n'en furent pas satisfaits; ils en empêcherent la publication dans les villes de Gap & de Die. Bertrand-Rambauld de Simiane, baron de Gordes, lieutenant-général au gouvernement de Dauphiné, avoit été nommé par le roi, commissaire, pour former l'association des bailliages de Viennois & de Diois pour la défense de l'état & le maintien de la religion catholique. Ce seigneur employa son éloquence pour engager Lesdiguieres & ses partisans à faire cette publication; mais tous ses efforts furent inutiles. Le maréchal de Bellegarde, qui avoit reçu du roi la commission de faire exécuter le dernier édit dans le Dauphiné, la Provence & le Lyonnois, écrivit à Mr. de Gordes de se rendre le 15. du mois de Février de l'année 1578. dans la ville de Buis, pour conférer ensemble sur les moyens de pacifier tous ces troubles. Gordes se mit en marche pour s'y rendre; mais étant tombé malade en chemin, il fut obligé de s'arrêter à Montélimart, où il mourut quelques jours après dans le mois de Février. Ce seigneur étoit d'une droiture digne des anciens temps. Sa conduite & son zele pour la religion catholique étoit ardent; mais prudent & judicieux.

Le maréchal de Bellegarde, après la mort du baron de Gordes, résolut de traiter sur l'objet de sa commission avec Mr. de Lesdiguieres. Il lui écrivit à ce sujet plusieurs lettres. Lesdiguieres qui croyoit que le maréchal pouvoit être utile à son parti; mais qui ne voyoit pas d'ailleurs de sûreté ni de bienséance à se déclarer dans les circonstances présentes, ne répondit au maréchal que d'une façon ambigue. Il lui fit dire par Anselme, gentilhomme d'Avignon, & confident du maréchal, que si le roi & ses ministres étoient résolus d'agir de bonne foi avec les protestans, ils étoient résolus de se conformer en tout au dernier édit; que si au contraire on ne cherchoit qu'à les amuser, ils ne se désaisiroient point des places fortes dont ils étoient en possession, jusqu'à ce qu'on leur eut donné des sûretés raisonnables. Que lui & tous les protestans étoient persuadés de son zele pour la tranquillité publique, & qu'ils conserveroient pour sa personne tous les égards qui lui étoient dus.

Les deux lettres que nous présentons, sont les plus importantes de cette négociation ; elles n'ont jamais été publiées, & sont conservées à Avignon parmi les manuscrits de Mr. le marquis de Cambis-Velleron.

LETTRE

De Mr. de Lesdiguieres à Monseigneur de Bellegarde, maréchal de France.

MONSEIGNEUR,

HIer au soir, étant en ung village nommé Remollon, distant de trois lieues de cette ville, où j'étois allé coucher pour m'acheminer après la Brioule, afin de visiter quelques miens amis, je reçus, environ minuit, votre premiere despeche datée du deuxieme de ce mois, que Mr. d'Anselme m'avoit fait tenir de Vercoiran, lequel ayant ouvert & vu par iceluy la voulanté qu'avez de continuer l'exécution de votre charge, je me délibérai dès lors de rebrousser chemin, comme j'ai fait, avec telle diligence que je me suis rendu sur les huit heures du matin en cette ville, où étant arrivé, j'y ai trouve ledit sieur d'Anselme, qui m'avoit prévenu d'une heure, étant derechef renvoyé par vous avec lettres & créance, à la noblesse en général & à moi en particulier. Sur quoi je vous dirai, MONSEIGNEUR, que pour le regard de la réponse que vous espérés de la noblesse, je n'y oserai toucher, d'autant que je ne suis que gentilhomme privé, & l'un des moindres de cette province en temps de paix. Mais tel que je suis, je vous supplie très-humblement de croire que je n'épargnerai ce peu de faveur que me peult rester entre les notres, pour les rendre capables de votre voulanté, & les disposer entiérement à recevoir ce que vous trouverez estre propre pour le repos & tranquillité publique. A quoi je m'assure qu'ils se rangeront, comme vous verrez par leur réponse, dès lors qu'ils seront assemblés, estant leur entrevue du tout nécessaire, tant pour l'occurence des choses surnommées de nouveau, que pour autoriser l'envoi des députés qui ne peuvent ni doibvent départir de mon autorité privée, quelques délégations qu'ils ayent, comme quelques gentilshommes de ceux qui sont ici, l'ont fait entendre librement audit sieur d'Anselme. L'ancienne cognoissance & singuliere amitié duquel me donnant occasion sur le point de sa créance de discourir, à part des difficultés qui se pourront opposer à l'établissement de notre paix, & de trancher le nœud d'icelles. Je lui en ai proposé quelques-unes de celles que furent desduites à Cipierre, & que nous plongent à ung abysme de défiance, comme la saisie de Fleuvrance & deux autres places en Guienne, le peu de justice qu'on fait de l'oltre Pesse de Perigueux, la garnison continuée dedans Brovage, & la fortification d'icelles ; les compagnies entretenue au marans, & le transport d'artillerie qu'on y a traîné ; le peu de conte que l'on fait de casser les soldats qui sont dedans Lion & la citadelle, encore que ce ne fut ville de frontiere du temps du roi Henri ; les vaines promesses de remettre Mr. le Prince en son gouvernement de Picardie ; le refus de la ville de Bourdeaux de laisser entrer les notres dans icelle les proches séditions que l'on y fait pour ébranler le ceptre de notre roi & le transférer aux mains des étrangiers, les armes encore droites par toute la France, les allées & venues des régimens de M. de Brisac & le Archaut, la frontiere de Provence toute bourdée de gens de pied & de cheval, ramassées par le commandement de Mr. le Grand, Prieur, ce qui nous tient perpétuellement en allarme, outre l'approchement des Corsses répandus aux environs de Sisteron, ses trames & entreprinses basties & conservées contre quelques turbulens de cette province, dont nous avons bonne mémoire en main & une infinité d'autres particularités, qui nous font soupçonner que telles brêches donneront enfin ouverture à la subversion entiere de l'édit. Si le Roi n'y remédie en général, & vous particuliérement en ces cartiers, ce que j'ai prié ledit sieur d'Anselme vous faire entendre, MONSEIGNEUR, avec ce que j'ai pu ſonder de l'intention & voulanté de nos égliſes, ſur l'expédient de ces difficultés, qui que encore que les raiſons ſont alléguées, nourriſſent en elle une extrême défiance, qui produit avec ſoi ung ſouci merveilleux d'en conſerver ce qu'elles eſtiment ne pouvoir faire que par la retention des armes. *Si* les trouverez-vous toujours preſtes à recepvoir tout ce qui ſera juſte & raiſonnable, voire à ſe déſarmer entiérement ; enfin pour ce que cependant & en attendant l'exécution entiere de la paix, non-ſeulement ici, mais généralement par toute la France on leur veuille donner quelques aſſurances, ce qui ſe pourra faire aiſément, ſi de tant de compagnies érigées de deux côtés à la ruine du pouvre peuple il vous plait de choiſir quelque petit nombre de ſoldats qui vous ſeront nommés réciproquement par les deux partis, pour eſtre diſtribués par les villes & places frontieres, & entretenus aux dépens du pays ; ce que nous releveront d'une intolérable deſpence, oſteront tout ombrage de deffiance, achemineront les affaires en quelque meilleur train, combleront d'une extrême joie, & contentement tout le peuple ſoubs eſpérance de voir calmer entiérement l'ourage de nos troubles, & nous ramener en cette premiere tranquillité, dont les tempêtes civilles nous ont ſi longuement privés : quant à la ſommation que vous a plut de m'envoyer, je déclaire ne l'accepter comme chef des églises du Daulphiné, ainsi que vous a plut me califier par icelle, ains comme gentilhomme privé, n'ayant aulcune charge sur lesquelles églises, & comme tel je m'offre employer tous les moyens que Dieu me donnera pour l'establissement de la paix en ceste province, protestant au reste qu'il ne me tumbast jamais en pensée de vouloir tant soit peu déroger à l'autorité du roy, ni m'opposer à l'exéquution de ces édits, sous l'obéissance desquels je veux vivre & mourir, comme je en ai fait preuve par le passé, & ferai toujours à l'avenir. Sur quoi je prierai Dieu,

MONSIEUR,

de vous maintenir en sa sainte & digne garde. *De Gap*, *ce* 5 *Mars* 1558.

Votre très-humble & très-obéissant serviteur,
DE LESDIGUIERES, ainsi signé.

Et à la soubscription :

A Monseigneur,
Monseigneur DE BELLEGARDE, *maréchal de France.*

RÉPONSE

De Monseigneur de Bellegarde, maréchal de France à Mr. de Lesdiguieres.

MOnfieur de Lesdiguieres, ayant vu les lettres que vous m'avez efcriptes par le Sr. d'Anfelme, à fon retour vers moi, datées du 5. de ce mois, & entendu de lui, oultre le contenu d'icelle les difcours paffés entre vous fur le fujet de la charge qu'il a plût au roy me donner pour l'exéquution de fon édit de pacification, je ai communiqué à Mrs. les dellegués du parlement de la chambre des comptes & du pays du Dauphiné qui m'affiftent & tous enfambes avons ung extrême regret de voir chofes difpofées de votre parti à quelques longueur que vous fondés en fubftance fur les controventions que préfuppofés avoir efté généralement faites audit édit par le roy, & ceux de fon confeil que vous particularifez entre aultre fur le fait de Brovage, de Maran, de Perigueux, de Flevranche, fur la citadelle de Lion les régimens de Mrs. de Brifac & de Lanchamp fur l'armée que vous dites eftre affemblés en Provence par Mr. le grand Prieur compofés des Corfes & autres forces, & fur plufieurs aultres chofes fpécifiées par voftre lettre, & d'autant que ce font des propofitions fur lefquelles je n'ai pouvoir de vous ſatisfaire, & dont je ne puis nullement vous répondre que après en avoir donné avis à Sa Majeſté, & reçu ſur ce ſes commandemens, auſſi que ledit Sr. d'Anſelme m'a dit de votre part que vous prétendiez faire aſſembler la nobleſſe & autres de votre parti à Nions pour plus amplement, avec toute délibération me repréſenter vos raiſons & prétentions de vous tenir en défiance & ſur bonne garde, j'ai arreſté avec leſdits Srs. délégués de vous prier de tenir promptement ladite aſſemblée, & de me répondre finablement de vos intentions par vous députés dans le xv. de ce mois à Tharaſcon, où je m'en vais avec leſdits Srs. délégués, les attendre, & cependant prendre poſſeſſion du château que le roy m'a donné, délibérer aprés avoir oy ce que par vouſdits depputés me ſera remontré de revenir incontinent, ſi beſoing eſt en ce pays, pour y effectuer ce qui ſera convenu entre nous : néantmoins, en attendant je advertirai Sa Majeſté de tout ce qui eſt pourté par votre lettre, & m'a eſté rapporté par ledit Sr. d'Anſelme, pour au plutôt être reſoulu de ſa vounté par les commandemens qu'il lui plait me fere, vous priant, Monſieur de Leſdiguieres, de monſtrer & faire cognoiſtre à cette fois, même en votre aſſemblée, non-ſeullement à Sa Majeſté, mais à tous ſes pauvres ſujets, l'affection que vous m'aviez toujours aſſuré d'avoir au bien, repos & tranquillité publique de ce royaulme, & que toute cette noblesse que vous assistez, considére bien ce que à la fin nous peut apourter ceste longueur, le désespoir du pouvre affligé coummum populase pour les grandes oppressions qu'il souffre de touts costés. Que si par ce désespoir il entre en quelque rage, & cognoist une fois sa force, ne sera l'avantage ni l'acroissement de l'authorité des nobles, ains-le préparatif de leur totale ruine, & puis nous devons par obligation naturelle à prendre le repos publicq & le bien comung de nostre patrie, plutôt que de mesurer nous devoirs à nous passions ou deffiances ; à quoi je adjouterai en passant une réponse pertinente, & que je me promets que trouverez bien raisonnable sur ce qui est escrit à la fin de votre lettre, que ce seroit combler la félicité du peuple de fere clamer l'orage des troubles & tempestes de nous guerres civilles, ce qu'à la vérité il ne se peult desirer au monde chose plus nécessere, & qui la desirera de votre cousté, il obtiendra de celluy du roy qu'ainsin soit ; je vous ay offert & offre encore l'entiere & réelle effectuation de sondit édit en l'étendue des.... qui me sont desparties, comme je crois que messieurs les maréchaux de Cossé & de Biron le feront en Guienne, avecque punition des contreventions qu'ils y trouveront avoir été faites, lesquelles, comme vous pouvez panser & le sçavez, sont pour le moins aussi grandes de leurdit parti que au nostre soit de prinses de places depuis ledit édit en murtres,

murtres, courſe, levées de deniers, ventes de ſes établiſſemens de péages, & ſubſides prins des biens écclésiaſtiques & des catholiques, à la faveur par vous donnée aux ſubjets de notre St. pere le pape contre & qui eſt beſoin expreſſément deffendu par icellui édit, & en infin des aultres choſes dont je pourrois faire un cathalogue d'une main de papier ; mais pour parvenir au bien, il fault oblier le mal de part & d'autre ; & enfin ſe reſouldre de treuver la guerre par la paix, ſi nous ne voulons donner ce plaiſir aux voyſins de ce royaulme de nous voir entretenir en ruyne les ungs les aultres juſqyes à tant que ni en reſte un ſeul pour leur faire place ; à ſéparer de nous belles cités, maiſons & commodités, ce que nous eſt ayſé éviter, & le roi le ſouhaite ſur toutes choſes ; comme par ces effaits il a bien commencé de le vous fere connoitre, me ſemblant qu'il ne reſte nul obſtacle en ces afferes que faulte de bonne voulanté, d'autant qu'il ne peut y avoir aulcune deffiance, ſi les armes ſont miſes bas de part & d'aultre, & moings en debvez-vous avoir que les aultres, pour ce que vous avez gaige & force, entretenue pour votre particuliere ſûreté, ce que n'ont pas les ecclésiaſtiques ni catholiques : & ſur ce vous mettez en avant pour le regard des Corſſes & autres forces de Sa Majeſté qui ſont en Provance & en ce pays. J'oſerai vous promettre qu'attendant ſur ce votre inſtance, qu'elle y pourvoira à votre contentement. Quant à la citadelle de Lion, je vous prie, sans passion & comme gentilhomme d'honneur, & que debvez par l'expérience de la guerre juger de cella au bien & utilité du service du roy, vous représenter l'importance d'icelle pour la conservation de l'estat, & qu'elle a esté construite & commancée long-temps y a en opposite des forteresses de Bresse & de Savoye, auxquelles nous n'avons en France frontiere plus nécessere d'estre gardée que la ville & citadelle de Lion, & tous unanimement le debvons desirer, joint que cela n'apporte aulcun préjudice particulier, avec un grand soulagement aux habitans de ladite ville & aulx finances du roy à cause du grand nombre d'hommes qu'il conviendroit pour la garder, modérer & retrancher dans ladite citadelle, touttes fois quelque chose que je en die je ne l'erray de fere entendre à Sa Majesté ce que vous m'en avez mandé, & revenant à mes prieres, si elles doibvent retrouver lieu en vous, le vous réitérant de mon cœur & de la singuliere dévotion que j'ai au service du roy & à la conservation de sondit estat. Je vous exhorte & admoneste, & touts ceulx qui se treuveront à votre assemblée, aulsquels vous communiquerez la présente, pour leur servir comme à vous aultres, telle que je leurs escrits de prendre une bonne & honorable résolution, & vous particuliérement immortalisez-vous de cette louange d'avoir commencé de faire gouster ce fruit de paix tant ſouhaitté, & donner ce contentement au roy & à ſes ſubjets, rejettant toutes ces deffiances que fault faire ceſſer par une bonne confiance, qui ne ſera manquée d'ung ſeul point à la teneur dudit édit en ce que m'eſt commis; ainſin qu'il eſt à croire que chacun en uſera de ſon couſté & me renvoyerez, ſi vous plait, ce pourteur que je vous deſpeche expreſſément au pluſtot avec de vous nouvelles, faiſant toujours eſtat de moi comme de votre frere & très fideille amy, qui en ceſt endroit prie le créateur vous donner, monſieur de Lesdiguieres, en bonne ſančté longue vie. Eſcripte au Buys, ce VII. Mars 1578.

Votre fidelle amy & frere,
ROGIER DE BELLEGARDE.

Et à la ſouſcription :

A Monſieur

Monſieur de Lesdiguieres, chef des égliſes prétendues refformées du pays de Dauphiné.

FRAGMENS

Des mémoires manuscrits de noble JEAN DE MORELLI, *docteur & citoyen d'Avignon.*

JEAN MORELLI, auteur de ces mémoires manuscrits, étoit fils de Balthasar Morelli, docteur d'Avignon & de Marguerite Hugonis. Il fut reçu conseiller de la ville d'Avignon pour la premiere main, c'est-à-dire, dans le premier rang, en qualité toutesfois de docteur, le 21 Décembre de l'année 1563. ainsi que les délibérations des conseils de cette ville les démontrent.

Ces mémoires sont manuscrits, & n'ont jamais été imprimés. Ils sont écrits avec autant d'exactitude que de vérité. Ils commencent à l'année 1561, & finissent à l'année 1598. On y trouve plusieurs faits qu'on ne rencontre pas dans l'histoire des guerres du comté vénaissin par Louis de Perussis; telle est la magnifique entrée de Charles IX. roi de France à Avignon en 1564. & quelques circonstances de la conjuration du maréchal de Bellegarde contre cette ville. Nous ne rapporterons que ce qui est rélatif à ce dernier objet.

ANNÉE 1577.

Au commencement du mois de Mai

de l'année 1577. Mr. le maréchal de Bellegarde arriva à Avignon, ayant charge du roi d'être gouverneur d'une partie du Languedoc ; il conféra sa charge à Mr. le cardinal d'Armagnac, & il alla trouver Mr. le maréchal de Damville, pour le dissuader d'être du parti des huguenots, ce que ledit Seigneur accorda.

Dominique Grimaldi arriva à Avignon le 15. Mai pour estre recteur & surintendant de la guerre au Comté vénaissin ; homme docte, vaillant & sage. Peu de jours après arriva à Avignon le général Saporose, envoyé par le saint Pere pour remplacer le comte Villaclaire (1), lequel partit après les états tenus à Carpentras. Mr. le cardinal, les évêques & les seigneurs du pays, & entre autres messieurs de Caderousse (2), & d'Oyse (3), reprocherent audit Villaclaire (4) qu'il n'avoit rien fait pour

(1) Vincentio Mattheveii, dit *Saporoso* de Furmo, colonel, arriva à Avignon le 16 Mai 1577. pour être général des armes. Perussis dit qu'il étoit alors âgé de plus de soixante ans, blanc & chenu, chopant de la jambe droite pour les blessures reçues au service de François I. Henri II. & Charles IX. Il avoit commandé les troupes italiennes envoyées par le Pape en France. Il combattit à leur tête à la bataille de Moncontour. Le nom de *Saporoso* lui fut donné depuis sa jeunesse à cause de sa douceur naturelle. Il prit la place du comte de Villaclaire, qui partit d'Avignon pour l'Italie le 22 Mai 1577.

(2) Rostain d'Ancezune, seigneur de Caderousse.

(3) Gaspard de Brancas, Baron d'Oyse.

(4) Marc-Antoine Martinengo, comte de

le pays. On conclut dans cette assemblée de lever six compagnies, pour les joindre aux régimens des maréchaux de Damvile & de Bellegarde pour aller à Nismes, & toutes ces troupes réunies à celles de messieurs de Carces (1) & d'Oyse formerent une belle armée, & ils prirent la résolution de s'emparer de toutes les places occupées par les huguenots A cet effet ils commencerent le dixieme de Juin de brûler tous les bleds & les moulins aux environs de Nismes.

ANNÉE 1578.

Le maréchal de Bellegarde estant à Villeneuve, résolut de s'emparer d'Avignon; il communiqua ce dessein à Pierre Anselmi (2), fils de Louis Anselmi, &

Villeclaire ou *Villa chiara*, général des armes à Avignon. Perussis dit qu'il parloit latin, italien & françois. Il sçavoit mesme un peu le grec & l'espagnol. *Il estoit musicien*, ajouste Perussis, *bon sonneur d'instrumens, peintre, archiviste, dessinateur, & ingénieur.*

(1) Jean de Pontevez, comte de Carces, conseiller du roi en son conseil privé, chevalier de ses ordres, capitaine de cinquante hommes d'armes, grand sénéchal, lieutenant de roi en Provence & aux mers du Levant, mourut à Flassans en Provence, le 20. Avril 1582. âgé de 70 ans.

(2) Louis Anselme, pere de Pierre Anselme, fut reçu conseiller de l'hôtel de ville d'Avignon pour la premiere main, c'est-à-dire, au rang de gentilhommes, le 16 Décembre 1561. Il épousa Catherine de Cambis, fille de Luc de Cambis & de Marie de Pezzi; leur fils Pierre Anselme est celui dont il est tant question dans

de Catherine de Cambis ; au capitaine Claude de Cambis (1), ſeigneur d'Avvaro & coſſeigneur de Caderouſſe ; à Etienne de la Salle ; à Claude de Soubiras, fils d'un docteur d'Avignon ; à George Siroquè, docteur, & à quelques autres. La conjuration fut formée dans la maiſon de Pierre Anſelini. Ainſi la ville d'Avignon fut ſur le point d'être ſurpriſe par ſes adverſaires.

Le 22. Juillet de l'année 1578. fut choiſi pour cette funeſte expédition. Quatre cens habitans d'Avignon bien armés ſe répandirent dans les rues pour faire ſoulever le peuple contre le gouverneur ; mais le général & les magiſtrats firent fermer les portes ; ils diſſiperent les conjurés, en firent ſaiſir un grand nombre ; cent furent pendus & les autres envoyés aux galeres. Le maréchal de Bellegarde, le comte de Carces, & Parabere, gouverneur de Beaucaire étoient à la tête des conjurés. Deux mil arque-

la vie du maréchal de Bellegarde : il ſe rendit célebre par ſa valeur & par ſes intrigues ; il fut marié deux fois. 1°. Il épouſa en 1566. Marie des Achards, fille de Claude des Achards, ſeigneur de la Baume, & de Françoiſe de Donis. 2°. Sibile Bernardi, de la ville de Nice, en l'année 1579. La famille d'Anſelme ou plutôt Anſelmi eſt originaire de Florence ; elle ſubſiſte encore aujourd'hui dans la ville de Pernes, dans le Comté vénaiſſin.

(1) Claude de Cambis, ſeigneur d'Avvaro ou d'Avvare en Provence. Il épouſa le 23. Avril 1546. Melchione de Caſtelane Adhemar de Grignan, dont il eut Françoiſe de Cambis, fille unique, qui épouſa en 1567. Alexandre de Damian, Seigneur du Vernegue.

bufiers étoient cachés dans l'ifle de la Bartalaffe ; ils devoient être foutenus par d'autres troupes. Le projet de Bellegarde étoit de faccager Avignon, & d'en faire une place d'armes. La découverte de cette conjuration, & les précautions qu'on prit pour la prévenir, déconcerterent les conjurés.

Le fecond Août 1578. Mr. Saporofo, général des armes & gouverneur d'Avignon & du Comté vénaiffin, mourut à Avignon dans la maifon de la commanderie de St. Jean de Rhodes, où il demeuroit. Le mardi, cinquieme du mefme mois, il fut inhumé dans l'églife de l'obfervance avec grande folemnité, marchant premier un capitaine conduifant une compagnie de gens de pied, portant leurs arquebufes contre terre, enfuite grande quantité de torches allumées avec les armoiries, tant dudit défunt que de fon neveu & alliés ; le pape & fes officiers en mirent cinquante avec fes armoiries dorées & argentées. Les cardinaux de Bourbon, Légat, d'Armagnac, collégat, chacun cinquante torches avec leurs armoiries. Auffi la ville en fit porter beaucoup. Les freres pénitens dit blancs battus porterent le corps & trois douzaine de torches. Tous les gentilshommes, pages, officiers dudit défunt habillés de deuil marchant devant. Enfuite paffa le trompette à cheval, conduifant fix ou fept chevaux caparaçonnés de deuil ; enfuite l'un portoit les éperons, l'autre les gantelets, un autre le coutelas, l'autre la bourguignote, &

l'autre le guidon de la cornette blanche, tambours & fiffres couverts de taffetas noir sonnant le deuil. Ensuite le cheval du défunt sellé, bridé & couvert de drap de velours noir jusqu'à terre, & la croix blanche de satin au milieu. Le vendredi suivant on fit un service solemnel : on avoit élevé un catafalque au milieu de l'église entouré de torches & de cierges ; on chanta la messe en musique ; Mr. le cardinal, le viguier, les consuls, les gentilshommes & les bourgeois y assisterent. Un jésuite fit en italien l'oraison funebre. Le clergé séculier & régulier de la ville assista à l'enterrement, & fit sonner toutes les cloches.

Au commencement d'Octobre Mr. le cardinal d'Armagnac, collégat, fit mettre en prison le capitaine Cambis, George Siroque, Fontaine Rousse, le capitaine la Salle, Sobiras & autres. Ils découvrirent & déclarerent la trahison de prendre la ville d'Avignon, qu'ils avoient ainsi convenu avec le maréchal de Bellegarde, des avis & conseils de Chartier son secretaire, & le capitaine Anselme, enfans d'Avignon.

ANNÉE 1579.

Au commencement de Janvier de l'année 1579. le maréchal de Bellegarde quitta le château de Tarascon, & y laissa son maistre d'hostel, avec ordre de le rendre au roy ; il passa par Sisteron & la Provence pour aller en Piedmont, il mena avec lui Chartier son secretaire, qui estoit soupçonné de l'entreprise conspirée contre Avignon ; & peu de temps les Srs. Baron de la Roche (1) & Anselmi laisserent les troupes de Mr. de Vins en Provence, & suivirent le maréchal en Piedmont, & commencerent la guerre au marquisat de Saluces.

Le maréchal de Bellegarde alla sur la fin d'Octobre de Piedmont en Dauphiné avec deux cens chevaux & cent arquebusiers ; il les envoya dans Orange, & les capitaines qui les commandoient, manderent dire au cardinal d'Armagnac & aux consuls d'Avignon, de la part du maréchal de Bellegarde de lui envoyer les prisonniers qu'ils tenoient dans le palais à cause de la trahison d'Avignon ; car il les vouloit avoir, sinon il estoit tout prest de faire la guerre au Comté vénaissin. Aussi-tôt la ville députa promptement à la reine qui alloit trouver le roi, lequel accommoda le tout, & donna au maréchal de Bellegarde autant d'estats & affaires qu'il en demanda, & à ses gens tout ce qu'ils demanderent : le maréchal retourna en Piedmont avec ses gens, & il mourut au mois de Décembre dans le chasteau de Saluces.

(1) Balthasar de Flotte, baron de la Roche, d'une ancienne famille du Dauphiné. Il étoit fils de Jean Flotte & d'Antoinette de Montauban. Il avoit épousé en 1590. Marthe de Clermont d'Amboise. Il perdit la vie sur un échaffaut, pour avoir eu des intelligences, & trahi la France en faveur du duc de Savoie.

ANNÉE 1581.

Le 21 Janvier 1581. on donna la question ordinaire & extraordinaire aux personnes accusées de la trahison d'Avignon dans l'audience criminelle du palais devant deux commissaires, qui étoient Mr. George Diedo, italien, que le pape Gregoire XIII. avoit envoyé de Rome, & Mr. Feraudi le jeune. Mr. Chaissi fut le greffier criminel, & fit la procédure. Le capitaine Cambis, la Salle, Siroque, Fontaine Rousse, Sobiras le jeune furent condamnés à estre pendus & étranglés : ce qui fut exécuté ; ils furent après leur mort pendus & étranglés par un pied, comme cela se pratique à Avignon à l'égard des traitres.

JOURNAL

De la peste de l'année 1580. par Mr. BERTRAND, *docteur.*

CE journal est manuscrit ; Mr. Bertrand, docteur aggrégé dans l'université d'Avignon, étoit bisaïeul de Mr. Bertrand, vice-gérent de cette ville. Il commença ce journal le 4. Septembre de l'année 1580. & le termina le 23. Juin 1582 Cet ouvrage est écrit avec une candeur singuliere ; elle s'y manifeste à chaque page. Ce docteur écrivoit exactement & jour par jour tout ce qui se passoit à Avignon pendant la peste, qui affligea pendant ces années-là cette ville. Nous ne rapporterons toutesfois que ce qui est rélatif à la conjuration du maréchal de Bellegarde contre Avignon.

ANNÉE 1581.

» Le 13. Janvier de l'année 1581. Pierre » Lombard, enfant d'Avignon, qui » avoit demeuré en prison depuis le mois » d'Aoust de l'an 1578. se tua avec un » clou dans la prison. Il fut pendu devant » le palais, entre trois & quatre heures » après midi; le bourreau le traîna de» puis la porte du palais jusqu'à la four» che, qui estoit au devant de Nostre» Dame; ce fut pour estre traître à » sa patrie.

» Le 21. du mesme mois on donna » l'estrapade aux prisonniers du palais » qui vouloient trahir la ville, & l'on » fit justice.

» Le 23. du même mois de Janvier, » le premier qui sortit du palais, fut » Etienne de la Salle, estant les bras » liés derriere le dos; il fut mené jus» qu'au devant le palais, là où estoient » les potences; lequel estant dessus l'é» chelle, dit fort haut qu'il étoit inno» cent de la trahison d'Avignon, & qu'il » ne vouloit accuser personne. Au reste » il mourut bon chrestien. Le second » qui fut exécuté, fut Claude de Soû» biras, enfant d'Avignon, fils d'un doc» teur : il fut mené comme le premier, » lequel dit être ignorant de ladite tra» hison,

» hiſon, & mourut bon chreſtien. Le » troiſieme qui ſortit du palais, fut » George Siroque, enfant d'Avignon, » lequel en ſon temps étoit en très-grande » réputation dans la maiſon de ville. » Il dit qu'il étoit innocent de ladite » trahiſon, & mourut fort bon chreſ- » tien. Le quatrieme qui ſortit du pa- » lais eſtoit un nommé Baptiſte de Fon- » taine Rouſſe, enfant d'Avignon, qui » dit eſtre innocent de la trahiſon d'A- » vignon. Le cinquieme qui ſortit du » palais, fut Mr. Claude de Cambis, » gentilhomme, & ſeigneur en partie » de Caderouſſe : ce fut le dernier qui » ſortit du palais, lié & garroté comme » les autres ; & il dit en ſortant que » ce qu'il avoit dit à la gehenne, étoit » faux touchant le maréchal de Belle- » garde. Leſdits miſérables furent à la » fourche juſqu'à huit heures du matin, » & puis les potences furent reculées » l'une de l'autre, & fut mis un ſom- » mier par-deſſus, & furent derechef » pendus par un pied, & ils demeure- » rent toute la nuit juſqu'au mardi vingt- » quatre dudit mois ; & une heure après » l'on rompit les cordes, & le bourreau » leur coupa la teſte, & les mit dans » un ſac, pour les planter ſur les murail- » les de la ville ; leurs corps furent por- » tés par le bourreau dans uu char à la » Magdelaine.

HISTOIRE

De la ville d'Avignon & du Comté Vénaissin par le pere Sebastien Fantoni Catrucci, *de l'ordre des Carmes, deux volumes* in-4°. *imprimés à Venise chez Jean-Jacques Lertz* 1678.

Le pere Sebastien Fantoni Catrucci, provincial des carmes de la province romaine étoit né à Palestrine. Il vint à Avignon en l'année 1670. avec M. Horace Mathæi, vice-légat ; ce Prélat le fit pro-dataire de la Légation. Ce savant religieux ramassa pendant son séjour dans cette ville plusieurs matériaux pour l'histoire d'Avignon & du Comté vénaissin. Obligé de retourner en Italie, il composa cette histoire dans ce pays-là en italien, & il la fit imprimer à Venise en 1678. Cet auteur rapporte dans cette histoire la conjuration formée par le maréchal de Bellegarde & par Anselmi contre la ville d'Avignon. Nous avons démontré ci-dessus que cette conspiration se trouve confirmée par des manuscrits contemporains. Nous allons rapporter des fragmens de Fantoni, où elle se trouve détaillée. Voici comme cet auteur s'exprime au tome I. livre III. n°. 19. pag. 421.

Les huguenots & les politiques (1)

(1) *Les politiques.* On appelloit ainsi les ca-

tramoient dans Avignon des continuelles conjurations ; mais la plus dangereuse de toutes fut celle qui fut sur le point d'éclater le 22. Juillet de l'année mil cinq cent soixante & dix-huit. Les principaux de cette ville étoient à la tête de quatre cens personnes d'épée & de robe qui estoient entrés dans cette conspiration. Quoique le plus grand nombre ne fut pas au fait ni instruit de cette trahison, ils paroissoient toutesfois disposés à tout entreprendre, & à exécuter promptement tout ce qui leur seroit prescrit par leurs chefs. Ils avoient été attirés dans ce parti par des manieres insinuantes & flatteuses, par des joyeux festins, & autres moyens usités en pareil cas. Les conjurés s'étoient engagés par les sermens les plus saints à garder un inviolable secret ; ils se connoissoient entr'eux par des certaines marques qu'ils portoient à leurs chapeaux & sur la poitrine. Ces esprits turbulens ne cessoient de soulever le peuple contre la noblesse, & d'exciter mil troubles & des continuelles discordes. Les magistrats en estant informés, y rémédierent promptement ; ils firent échouer ce funeste projet, & sauverent cette ville par leur vigilance & la justice qu'ils firent. On saisit un grand nombre de conjurés ; plusieurs furent sur le champ punis de mort ; d'autres furent envoyés

tholiques mécontens, qui sous prétexte de demander qu'on fît la guerre aux huguenots, & que l'on réformât l'état, songeoient à arracher du roi des charges & des pensions.

aux galeres & en exil. Quelques-uns des conseillers & des chefs de la conjuration furent supérieurs aux loix par la faveur & la protection qu'ils trouverent; d'autres sur des raisons apparentes eurent la liberté de se retirer. Six seulement desdits chefs furent mis en prison, & quoiqu'un de ces six eut révélé tout le plan de la trahison, & les noms des conjurés, toutesfois le procès criminel fut instruit très-lentement, & la punition des coupables fut différée pendant long-temps, à cause qu'ils étoient protégés ....

Fantoni continue de rappeller dans le même ouvrage, tome I. liv. III. n°. 22. les faits rélatifs à l'objet en question.

Il arriva, *dit-il*, en 15?0 un événement qui quoiqu'il affecte principalement une personne particuliere d'Avignon, intéresse toutesfois directement cette ville. Le maréchal Roger de Bellegarde s'estant emparé du marquisat de Saluces, le roi Henri III. lui en donna le gouvernement par des lettres-patentes très-amples. Ce seigneur ayant égard aux sollicitations du pape, travailla avec ardeur à rétablir la foi catholique dans cet état, & à y interdire tout exercice de la secte hérétique. Il fut attaqué sur ces entrefaits d'une maladie mortelle qui l'emporta en peu de jours. Il mourut dans un âge avancé en l'année 1579. après s'être confessé en présence des témoins. Il engagea avant sa mort tous ses capitaines, entre lesquels tenoient les premiers rangs *Dominique Volvire* piedmontois, châtelain de Carmagnole, & *Pierre Anſelme*, gentilhomme d'Avignon, gouverneur de Cental, de preſter ſerment de fidélité à ſon fils *Céſar de Bellegarde*, âgé alors de dix-huit ans. Cental, quoique démantelée par le traité de paix de ſaint Quentin, eſtoit dans une ſituation très-forte & en état de s'oppoſer au paſſage de l'Italie. Henri III. après la mort du maréchal de Bellegarde donna le gouvernement du marquiſat de Saluces à *Bernard de la Valette*. Mais Céſar de Bellegarde ſe détermina en 1580. à s'y maintenir; il fut ſur-tout engagé dans ce projet par *Mathurin Chartier*, ſon ſecretaire, homme d'une adreſſe admirable, & par *Pierre Anſelme*, eſprit inquiet, & auquel on avoit raiſon d'imputer d'avoir voulu s'emparer d'Avignon pour le feu maréchal *Roger de Bellegarde*. Le duc de Savoie, pour ne pas déplaire au roi de France, qui deſiroit d'eſtre maiſtre de Carmagnolle, refuſa d'accepter l'offre que *la Volvire* lui fit de le mettre en poſſeſſion de cette place. Ce prince voulant même lever tous les obſtacles qui empêchoient *la Valette* de prendre poſſeſſion du gouvernement de ce marquiſat, envoya une ſomme conſidérable d'argent pour payer & licencier la garniſon de Saluces, que le feu maréchal de Bellegarde y avoit miſe. Mais *Anſelmi* & les autres capitaines proteſterent qu'ils vouloient garder cette ville pour *Céſar de Bellegarde*, & ils intercepterent & firent enlever cet argent,

& se mirent en état de défendre le château. Alors le duc de Savoie voulant punir l'audace d'Anselme, envoya *Ferrant Vitelly.* à la teste d'un régiment d'infanterie de douze cens hommes, de deux cens chevaux & de douze pieces d'artillerie pour attaquer cette place ; il donna ordre en mesme temps à toute l'infanterie piedmontoise, & à la cavalerie de Savoie de se tenir preste à suivre *Vitelly.* Alors *Anselme* craignant de succomber, abandonna Saluces au duc de Savoie, & ce prince remit sur le champ cette ville à la *Valette.* Anselme ne désespérant pas de reprendre un jour cette ville, se jetta dans *Cental* qu'il fortifia ; il s'empara mesme insensiblement de force ou avec de l'argent des autres petites places circonvoisines. Bellegarde, toujours dirigé par les conseils d'Anselme, tenta de se rendre maître de Carmagnole, qui étoit gardée avec beaucoup de précaution & de vigilance par le capitaine *la Volvire.* Alors César de Bellegarde voyant l'inutilité de toutes ses tentatives, rénonça à toutes ses prétentions sur le marquisat de Saluces, & il fut obligé d'accepter les offres du roi de France ; ce prince le déclara colonel général de la cavalerie, & lui fit donner une gratification de douze mille écus. *Anselme* obtint un présent de trente six mille écus & le gouvernement de Tarascon ; mais cette ville estant trop voisine du Comté vénaissin, le pape qui craignoit avec raison que la ville d'Avignon, qui estoit alors remplie de troublés & de factions inteſtines, ne reçut quelque dommage conſidérable de cet eſprit turbulent, obtint qu'on changeât la récompenſe qui lui avoit été accordée . . . .

Fantoni ajouſte le plan de la conjuration contre Avignon (tome I. liv. III. n°. 32.

Le procès, *dit-il*, de ceux qui avoient conſpiré contre la ville d'Avignon en l'année 1578. reſtoit ſuſpendu & ſouffroit des grandes difficultés. Le peuple ne ſavoit que penſer de ce long délai. Il étoit de la juſtice de punir les coupables, & de ſévir contr'eux avec rigueur. Le procès des criminels avoit été fait avec inexactitude & peu de fidélité; c'eſtoit ſans doute pour les ſouſtraire au jugement & à la condamnation qu'ils méritoient; on vouloit par ce moyen éviter l'inimitié & la haine des parens & des amis des priſonniers; mais les perſonnes bien intentionnées pour la patrie, & ceux qui croyoient la conjuration certaine, prétendoient que la grace qu'on vouloit accorder aux conjurés ſeroit d'un funeſte exemple, & que l'atrocité de la conjuration exigeoit une punition éclatante. Le cardinal d'Armagnac voulant ſe tirer de cet embarras, obtint du pape ſous divers prétextes un ordre pour que les évêques du Comté vénaiſſin, & Grimaldi, recteur de cette province, fuſſent adjoints pour juger ce procès important; mais tous ces prélats s'excuſerent & refuſerent d'y accéder. Alors le pape informé qu'on ne trouvoit personne dans cet état qui eut la volonté & la fermeté nécessaire pour juger un procès de cette conséquence, prit le parti d'envoyer d'Italie le docteur *George Diedo*, de la ville de Ravenne ; c'estoit un homme plein de courage & très-exercé dans la pratique criminelle. Ce commissaire reçut avant son départ les pouvoirs les plus amples : il arriva enfin à Avignon après avoir essuyé dans son voyage les plus grands dangers. Sa premiere attention fut de réformer l'ancien procès criminel, & d'en faire dresser un nouveau. Ensuite, avec le secours d'une déposition suranée d'un des prisonniers, il parvint avec adresse, tantôt par des menaces, tantôt par des paroles engageantes & pleines de douceur, & par d'autres moyens qu'il avoit l'art d'employer selon les occurences. Il parvint, dis-je, d'arracher la vérité des cinq autres criminels, quoique ces malheureux parussent déterminés de mourir plustôt que de découvrir le secret de la conjuration.

Ce commissaire découvrit que le maréchal *Roger de Bellegarde*, *Mathurin Charrier*, son secretaire, le comte *de Carces*, *Parabere*, gouverneur de Beaucaire, & *Pierre Anselme*, gentilhomme d'Avignon, estoient les principaux chefs de la conjuration. Ils estoient tous également rédoutables par leur audace & par leur valeur. Les assemblées des conjurés s'estoient tenues dans la maison d'Anselme. Voici l'ordre qu'on devoit observer pour faire réussir cette funeste entreprise.

Les conjurés avoient fixé le jour de la feste de sainte Magdelaine de l'année 1578. pour s'emparer avec cinquante arquebusiers d'une des portes de la ville dite *des miracles* (aujourd'hui la porte saint Roch) ils devoient ensuite donner le signal avec quelques fusées & un coup de fusil à deux mil soldats embusqués dans les isles du rhône voisines d'Avignon. Ces soldats avoient ordre de s'y rendre promptement, & ils devoient estre suivis par plusieurs compagnies d'infanterie conduits par les chefs que nous avons ci-dessus nommés. Mais crainte que le peuple ne fut effrayé de l'arrivée inopinée de toutes ces troupes, on devoit le rassurer en lui promettant sûreté entiere pour leurs personnes & pour leurs biens. Les conjurés profitant du calme que leurs promesses causeroient, continueroient de s'acheminer, & s'empareroient du petit palais (l'archevêché) de la roque des dons, & des églises les plus fortes, pour se rendre ainsi insensiblement maître de la ville.

Tel fut en général le projet des conjurés. On découvrit aussi que *Patris* entretenoit des liaisons étroites avec le roi de Navarre & le maréchal de Damville. On comprend par cet exposé combien il estoit important d'assoupir & d'éteindre absolument cet esprit de faction & de sédition intéstine. Il estoit par conséquent nécessaire de faire une punition exemplaire des complices de cette conjuration.

Le commissaire sachant que souvent les coupables excités par le désespoir & par la honte préviennent par le suicide le supplice qu'ils ont mérités, agit dans cette occasion avec beaucoup de prudence. Dès le premier jour de son arrivée, il fit enlever des prisons les cordes, les fers, les vitres, les linges, les draps & toute espece d'instrument capables d'oster la vie. Cette précaution estoit nécessaire ; car les prisonniers convaincus de cette trahison essayerent, mais inutilement d'attenter sur leur vie. Il y en eut un toutesfois qui engagea sous des prétextes spécieux la fille du géollier de lui prester un couteau ; & aussi-tôt qu'il l'eut, il se perça la gorge avec tant de fureur, qu'il expira un moment après. Il n'évita pas l'ignominie du supplice ; car le commissaire du pape le fit pendre après sa mort ; le lendemain on lui trancha la tête, & elle fut exposée avec le corps sur le haut de la porte de la ville par laquelle les conjurés avoient déterminés de s'introduire dans la ville. Peu de jours après les cinq autres coupables furent punis du dernier supplice en présence de *Malvezzi*, général des armes & des trois consuls d'Avignon. L'extinction de cette affreuse conjuration répandit une joie universelle dans cette ville ; on en rendit à Dieu des publiques actions de graces dans toutes les églises ; & on ordonna qu'à pareil jour il seroit fait annuellement une procession générale en mémoire d'un si grand bienfait, & de la délivrance de la ville, ce qui toutesfois n'a pas été observé.

Le commissaire George Diedo, après cette sanglante exécution, condamna par contumace tous ceux qui s'estoient sauvés, & qui avoient trempé dans la conjuration. On les cita de comparoître, & après cette formalité ils furent condamnés. *Pierre Anselme* fut de ce nombre ; il fut déclaré rébelle au pape & traître à sa patrie, & tous ses biens furent confisqués. Mais Gregoire XIII. ordonna de suspendre la confiscation des biens, pour ne pas irriter dans des temps aussi critiques un chien aussi furieux (1). Mais la justice divine le conduisit insensiblement à sa perte. Le roi de France Henri III. témoin de tous les troubles que cet esprit dangereux avoit causé & effrayé de ses révoltes passées, ne lui permit pas d'habiter aucune ville murée, & quoiqu'il lui eut vendu *Cental*, ce prince ordonna au colonel Alfonse Corse (2) de l'arrester. Ce brave officier ayant trouvé *Anselme* avec une escorte de quinze cavaliers dans une hôtellerie proche d'Aix, il exécuta ses ordres, & le fit conduire sous sûre garde

(1) Voici les propres expressions de Fantoni : *Alla qual confiscazione pero non volle Gregorio, che di presente si procedesse, per non attizare in tal tempo un cane cosi terribile.*

(2) Alfonse d'Ornano né en corse, colonel général des corses en France, & depuis maréchal de France.

à Marseille ; il fut enfermé dans une tour à deux mil du port de cette ville (le château d'If) & ce malheureux ayant avoué dans la question ordinaire & extraordinaire les nouveaux projets de trahison qu'il avoit formé, il expia par sa mort tous ses forfaits, & elle mit fin à tous ses ambitieux desseins. Anselme laissa un grand exemple à la postérité, en lui prouvant combien il est dangereux d'offenser les grands princes.

Fantoni ajoute que le commissaire *Diedo*, après cette singuliere & sanglante exécution, fit sommer par trois diverses fois *Esprit Sagnet dit d'Astouard*, seigneur de Mazan, de Vaucluse, de Lagnes, comte d'Ampuries, & son fils *Philippe Sagnet d'Astoaud*, à comparoistre devant lui ; mais ni le pere ni le fils ne s'estant présentés, il acheva sa procédure, & il condamna le jeune *Sagnet d'Astoaud* à perdre la tête, sa maison rasée, & ses biens estimés cent mille écus d'or confisqués & réunis au domaine de la chambre apostolique. Voici quel fut le crime de ce gentilhomme. Deux jeunes officiers de la garnison de Carpentras avoient pris quérelle & se battirent. Le jeune *Saignet d'Astouard* servit de parrain à l'un des deux. *Dominique Grimaldi*, recteur du Comté vénaissin ayant appris que ce combat se faisoit aux portes de la ville, y accourut pour faire cesser certe quérelle. *Saignet d'Astouard* s'y opposa ; le recteur mit l'épée à la main, & lui donna quelques coups de plat d'épée. Ce jeune homme

homme méprisant l'autorité du recteur, le fit appeller en duel ; il refusa de l'accepter, & il fit processer criminellement contre *Saignet Astoaud.* Quelque temps après le recteur & son frere Thomas Grimaldi, capitaine des chevaux-légers, étant parti le 28 Mars de l'année 1580. de Carpentras avec Henri de Valois d'Angoulesme, grand prieur de France, qui alloit coucher au château de Caromb, appartenant au comte de Sault sous une escorte de trente chevaux-légers, plusieurs gentilshommes du Comté vénaissin s'étant rassemblés, tomberent sur l'escorte du recteur à son retour de Caromb ; Thomas Grimaldi & trois Italiens furent tués ; le recteur ne dut son salut qu'à la vîtesse de son cheval : il se refugia dans son gouvernement de Carpentras. C'est ainsi que *Jean Morelli*, auteur contemporain a rapporté ce fait dans ses mémoires manuscrits. Ils ont été déguisés par *Fantoni*, historien fort postérieur à cet événement, & grand apologiste de tous ses compatriotes.

Le pape Gregoire XIII. ayant fait examiner devant lui toutes les procédures violentes de ce commissaire, les cassa comme injustes, & les fit brûler. Il rétablit le jeune seigneur d'Astoaud dans ses biens, toutesfois sous condition qu'il s'exileroit pendant quelques années des états du saint siege. Ce brave gentilhomme se retira en Provence, où il servit avec distinction sous les ordres de Bernard de la Valette, gouverneur de cette province. Il lui donna en 1587. la capitainerie de Berre, place alors importante. Il soutint avec beaucoup de valeur avec le seigneur d'*Aiguieres* le siege de Salon contre le duc de Savoie en personne, à qui la place ne fut rendue qu'à l'extrêmité, & faute de secours, d'où ils sortirent avec les honneurs de la guerre le 4. Décembre 1590. *Philippe Sagnet d'Astoaud* fut ensuite tué au siege de Gravezon en 1591. avec la réputation d'un des plus braves officiers de la province.

George Diedo devint l'objet de la censure & de l'indignation des gens de bien. Le peuple d'Avignon disoit communement de ce commissaire italien qu'il étoit certainement des parens d'Herode, puisqu'il avoit fait mourir tant d'innocens. C'est peut-être de là qu'est venu le proverbe vulgaire, lorsqu'on parle des mauvais juges : *il est des parens d'Herode ; il s'en prend aux innocens.*

Ces citoyens d'Avignon que *Diedo* condamna avec tant d'inhumanité, souffrirent tous la mort avec constance & résignation à la divine volonté. Dieu voulut sans doute les éprouver par des raisons à nous inconnues ; car il est certain qu'ils ne furent que légérement soupçonnés de la conjuration du maréchal de Bellegarde contre Avignon ; mais ils ne furent certainement jamais complices de ce mystere d'iniquité. Ces infortunés, selon le rapport des hiſtoriens du temps & les annales d'Avignon, qui font mention des ſervices importans qu'ils avoient rendus à cette ville, étoient tous pleins de religion, d'honneur & de vérité. La préſomption n'eſt pas que des hommes de ce caractere, & des citoyens en poſſeſſion de l'eſtime publique aient conſpiré contre leur patrie ſans aucun motif, ſoit de déplaiſir, ſoit d'intérêt ; car il étoit plus naturel qu'ils ſe laiſſaſſent emporter à leur propre paſſion que de ſuivre une paſſion étrangere.

Nous ſerons parfaitement convaincus de toutes ces vérités, en ſuivant la marche du commiſſaire. Italien. *C'étoit un homme*, diſent tous les écrits du temps, *qui s'étoit formé une juſtice conforme au caractere de ſon eſprit ſevere juſqu'à la plus extrême rigueur ; il trouvoit par-tout des coupables.* Il étoit d'ailleurs altier, impétueux & fier. Je n'ai nulle envie de médire des morts ; mais la défenſe des innocens eſt l'affaire de tous les honnêtes gens. Ce commiſſaire fut à peine arrivé à Avignon, qu'il caſſa l'ancien procès criminel, & il dreſſa une nouvelle procédure avec beaucoup de précipitation. Mais ne trouvant pas des indices ſuffiſans, il fit appliquer à la queſtion ordinaire & extraordinaire les ſix priſonniers. Un ſeul déclara qu'ils étoient tous complices de la conjuration du maréchal de *Bellegarde* & d'*Anſelme* contre Avignon ; mais hors de la queſtion, il nia ce qu'il avoit avancé, & selon la loi il faut persister étant hors de la question à ce qu'on a confessé. *La question*, dit un Auteur célebre, *est une invention sûre pour perdre un innocent qui a la complexion foible, & sauver un coupable qui est né robuste. Car ceux qui peuvent supporter la question, & ceux qui n'ont pas assez de force pour la soutenir, mentent également.* C'est pour ce sujet qu'en Angleterre l'usage de la question & des tourmens pour faire confesser les criminels, même en matiere d'état est inconnu. Le commissaire ennemi des regles antiques, qui exigent que pour la conviction d'un crime capital, il faut que les preuves soient indubitables & plus claires que la lumiere du jour, condamna les six prévenus à une mort aussi ignominieuse que douloureuse sur une vaine & fausse présomption. En effet, le crime énorme dont il les accusa, n'a jamais été positivement prouvé. Les faits étoient incertains, les preuves équivoques. C'est par préjugé & par disposition à les croire coupables, que ce commissaire italien donna cette terrible sentence de mort. Un de ces infortunés voyant l'inflexibilité de ce juge, se tua de désespoir dans la prison. Les cinq autres prétendus complices persévérerent à soutenir unanimément qu'ils étoient tous innocens, qu'ils avoient été uniquement jugés sur des présomptions, quelques indices, des légeres conjectures, & qu'ils étoient les victimes innocentes du préjugé, de la prévention, du faux zele, de l'amour propre, & de l'illusion.

Au reste je ne prétends pas justifier les prévenus sur des preuves incontestables puisées dans la procédure criminelle, qui ne subsiste plus. Mais je crois qu'il m'est permis de présenter avec simplicité la justification de mes malheureux concitoyens puisée dans les preuves de fait rapportés par les Auteurs contemporains. La raison avoue cette autorité, parce que les faits ne peuvent être un sujet de contestation. Ils ont d'ailleurs été adoptés par Gregoire XIII. Ce pape étoit trop éclairé pour se laisser surprendre par des apparences trompeuses. Un seul des prétendus complices appliqué à la question avoit déposé qu'ils étoient tous coupables. Mais il songeoit bien moins à dire la vérité, qu'à se délivrer des tourmens qu'il sentoit. En effet, il se retracta après la question, & cette déposition étoit unique & conséquemment elle etoit nulle. Mr. Bertrand, magistrat integre & contemporain de l'événement, nous a transmis ce fait comme un fait notoire & certain. Il ajoute que ces cinq infortunés citoyens ayant été traînés au supplice, ils firent à Dieu le sacrifice de leurs réputations & de leurs vies. Et qu'arrivés à ce terme fatal où le temps finit pour faire place à l'éternité ils prirent à témoin de leur innocence celui qui alloit être leur juge. Ils furent tous unanimes sur ce point.

On ne doit pas les soupçonner de cette insensée constance, que l'incrédulité semble raffermir contre toutes les terreurs de la religion. Mr. Bertrand proteste qu'ils firent tous une mort très-chrétienne. Ainsi on ne doit pas présumer que dans les derniers momens de leurs vies, ils aient voulu perdre par un mensonge aussi impie qu'inutile la couronne éternelle. Le commissaire *George Diedo* auroit été comblé de gloire & d'honneur si dans une entiere liberté d'esprit, il avoit préféré une lenteur salutaire à une funeste précipitation. Le pape ayant pris information de cette grande affaire, fit brûler les procédures criminelles, & la mémoire de ces infortunés Avignonois fut réhabilitée avec éclat. *Fantoni* prodigue tous ses éloges à *George Diedo*, sans doute parce qu'il étoit son compatriote. Pour moi je ne ferai pas une plus longue discussion sur cet objet. Je plaide la cause de la patrie & de l'humanité. Ainsi sans sortir des regles de la prudence, je dis en général que le jugement des criminels par commissaires trouble toujours la tranquillité des peuples. Mais faire juger des citoyens par un juge étranger & unique, c'est une source intarissable d'injustice & d'abus. *Un tel magistrat*, dit le judicieux auteur de l'esprit des loix, *ne peut avoir lieu que dans un gouvernement despotique*. Au reste, Mr. Secousse paroît surpris que Perussis n'ait pas parlé de cet horrible complot formé par le maréchal de Bellegarde & Anſelme contre Avignon. Cet auteur auroit du faire attention que cetre conjuration n'étoit nullement éclaircie dans le temps que Peruſſis écrivit ſon hiſtoire des guerres du Comté vénaiſſin. Il la commença en l'année 1561. & la termina en 1580. par conſéquent un an avant la condamnation & l'exécution des prétendus complices de cette conjuration. Peruſſis marque ſimplement les mots ſuivans ſous l'année 1578. ſur les prévenus de ce complot. *Patris, par ordre du cardinal* (d'Armagnac) *fit arrêter Cambis, Siroque, & Sobiras.*

OBSERVATIONS

HISTORIQUES ET CRITIQUES

Sur la mort de JEAN DE NOGARET, *Seigneur de la Valette.*

JEAN de Nogaret, ſeigneur de la Valette, de Caſaux & de Caumont, meſtre de camp de la cavalerie legere, lieutenant-général au gouvernement de Guienne, capitaine de cinquante hommes d'armes, ſervit aux batailles de Dreux, de Jarnac & de Montcontour. Il acquit la haute juſtice de la terre de la Valette au dioceſe de Toulouſe.

Jean de Nogaret mourut dans ſon château de Caumont le 18. Décembre

1575. âgé de quarante-huit ans, & fut inhumé dans l'églife des minimes de Cafaux, fous un tombeau fur lequel il eft repréfenté armé de toutes pieces, avec une infcription qui le fait defcendre de Guillaume de Nogaret, chancellier de France fous Philippe le Bel. Les généalogiftes prétendent que la Valette ne pouvoit pas prouver qu'il defcendoit du chancelier Guillaume de Nogaret. Ce chancelier avoit été annobli, & avoit enfeigné le droit à Montpellier avant l'an 1280.

Jean de Nogaret avoit époufé par contrat du 15 Septembre 1551. Jeanne de faint Lari-Bellegarde, fille de Pierre feigneur de Bellegarde, fénéchal de Touloufe, & de Marguerite d'Orbeffan, dont il eut entr'autres enfans Bernard, feigneur de la Valette, & Jean-Louis duc d'Epernon.

Sur la ceffion de Savillan, Pignerol & la Peroufe.

LORSQUE le roi Henri III. paffa a fon retour de Pologne par Turin en 1574. Emmanuel-Philibert, duc de Savoie, furnommé *tefte de fer*, profita du paffage de ce prince pour retirer de fes mains Savillan, Pignerol & la Peroufe. C'étoit les feules villes fortifiées que la France avoit confervées au-delà des monts. Le duc de Savoie crut l'y avoir difpofé par tous les honneurs qu'il lui rendit, & la ducheffe Marguerite fa femme & tante du roi, fut chargée de lui en faire la proposition. Henri III. n'envisagea pas assez l'importance de cette cession ; il n'eut pas la fermeté de refuser une tante qu'il aimoit beaucoup ; il lui promit de la satisfaire. Brantome dit à ce sujet dans ses mémoires que les soldats & compagnons de guerre disoient que la duchesse Marguerite auroit mieux fait de garder sa virginité & son beau pucelage, que de le perdre avec ce duc de Savoie pour la ruine de la France.

Lorsque le roi parla de cette cession dans son conseil, il y trouva beaucoup d'opposition. Louis de Gonzague, duc de Nevers, gouverneur du marquisat de Saluces, & dont le commandement s'étendoit sur Savillan & Pignerol, lui fit sur cela des fortes remontrances, tant de vive voix que par écrit. Lorsque le Roi fut arrivé à Lyon, il fit expédier au duc de Savoie des lettres-patentes signées de sa main, de la reine sa mere, du duc d'Alençon son frere, du roi de Navarre, des cardinaux de Lorraine, de Guise & d'Est, des seigneurs de Morvilliers, de Lansac, de Chiverny, & autres conseillers d'état pour la restitution de ces places, que son altesse appelloit *les clefs de ses états*. Le chancelier de Birague persista dans le refus de signer & de sceller ces lettres-patentes ; le roi commanda alors qu'on apportât les sceaux, & les scella lui-même.

Le roi ordonna à Henri d'Angoulesme, grand prieur de France, conseiller en son conseil privé, à Charles de Fises, seigneur de Saune, conseiller & secretaire d'état de sa majesté, de se transporter sur les lieux, pour avec Birague, faire à son altesse la réelle délivrance de Pignerol, avec la vallée de la Perouse & de Savillan, ce qui fut exécuté le 19. Décembre 1579.

L'auteur d'un écrit, qui fut publié au temps qu'Henri IV. obligea le duc de Savoie à restituer le marquisat de Saluces, & qui porte pour titre : *la premiere Savoisienne*, rapporte que lorsqu'Henri III. revint de Pologne & passa par la Savoie, on lui demanda *pour récompense d'une colation* la ville de Pignerol & celle de Savillan, & que *ce prince duquel le seul défaut a été une trop grande bonté*, les accorda ; & que le duc de Savoie, fils de celui qui avoit reçu un si beau présent, se prévalut des confusions de la France, l'an 1588. car voyant le roi Henri III. hors de sa capitale, il envahit le marquisat de Saluces ; qu'après avoir envoyé un Ambassadeur au roi, avec assurance de remettre tout entre ses mains, il dégrada tout d'un coup les officiers de sa majesté, y en établit de son autorité ducale .... & au même instant, pour faire voir en tous lieux les trophées de sa victoire, il fait forger une superbe monnoie, qui avoit empreint un centaure, foulant du pied une couronne renversée, avec cette dévise, *oportunè*. C'étoit pour montrer qu'il avoit su prendre son temps.

Varillas, dans sa vie d'Henri III. assure « que des rélations de bonne main » parlent d'une collation superbe, qui » coûta cent mille écus. Il ajoute que » le duc & la duchesse de Savoie en » avoient fait la dépense, & que ce fut » pour se dédommager qu'ils presserent » Henri III. de leur restituer Pignerol, » Savillan, & la Perouse.

Mauroi, dans sa vie de la Valette, dit que le roi connut alors combien étoit grande la faute qu'il avoit faite à son retour de Pologne d'avoir rendu Pignerol, Savillan & la Perouse au duc de Savoie; & il vit, mais trop tard l'accomplissement de la prédiction qu'on lui fit dès ce temps-là, que l'indiscrette générosité dont il se piqua envers le duc de Savoie, lui coûteroit avec le temps tout le marquisat de Saluces.

On voit dans *la seconde Savoisienne*, pag. 109. qu'après la mort d'Henri III. le duc de Savoie se rendit maître de plusieurs places en Provence, & qu'il fallut qu'Henri IV. s'emparât de la Savoie pour le mettre à la raison. Notez que pour lui rendre le change sur sa monnoie, le roi en fit battre une autre, dans laquelle il y avoit un Hercule armé à l'antique, foulant aux pieds un centaure sur lequel il hausse une massue de la main droite, & de la gauche une couronne qu'il semble avoir relevée; & pour l'ame de ce corps, étoit ce mot, *oportunius*. Pour montrer qu'on avoit su mieux prendre le temps que lui & plus honorablement, puiſque l'on avoit employé la force des armes au lieu des ſurpriſes, qu'avec une grande ingratitude il avoit exercées. On peut conſulter ſur les mots *opportunè*, *opportunius*, les lettres de Paſquier, liv. XIX.

Sur l'entrepriſe du duc de Savoie ſur Geneve en 1582.

Les cantons de Bernes & de Solevre, qui avoient le droit de combourgeoiſie avec Geneve, avoient obtenu en 1579. la protection de Henri III. pour cette ville, que ce prince regardoit comme une des clefs & boulevards de la Suiſſe. Charles-Emmanuel duc de Savoie étoit fort jeune lorſqu'il ſuccéda à ſon pere; il réſolut en 1582. de faire valoir ſes prétentions ſur l'état de Geneve, qui étoit entré depuis peu dans une étroite alliance avec Berne. Comme il vouloit ſe ſervir du prétexte de religion pour y faire revivre les anciennes prétentions de ſa maiſon, il marqua le plus grand zele pour accélerer l'exécution des décrets du concile de Trente; & dans cette vue, il fit occuper par des troupes les places qui confinent le plus au pays de Geneve, afin de forcer les gens de la campagne à ſe ſoumettre à ces décrets, pendant que des citoyens infideles travailloient à tramer une conſpiration dans la ville pour la lui livrer. Le magiſtrat, qui aux premiers mouvemens

mouvemens de ce prince étoit entré en défiance, découvrit ses pratiques secretes, & traita avec sévérité quelques-uns de ses sujets, qui avoient trahi l'état. Mais ce n'étoit point assez pour se munir contre le dessein du duc, qui augmentoit de jour en jour ses forces dans le voisinage, & presque aux portes de la ville. Le recours vers le canton de Berne, paroît être la voie la plus assurée pour se garantir du danger. On en reçut bientôt une assistance réelle, & en peu de jours on vit former des camps de part & d'autre, qui annonçoient une guerre ouverte. Les cantons de Lucerne, d'Ury, de Schwitz, Underwalden & Zug, crurent que le motif de religion étoit celui qui faisoit agir le duc de Savoie. Ils avoient une alliance avec ce prince, & n'étoient point confédérés avec Geneve. D'ailleurs, comme ils prêtoient des vues étendues aux Bernois, ils craignoient que si ces républicains faisoient la conquête du pays de Vaud, leur puissance ne devint un jour fatale à tout le corps helvetique Ces raisons les firent déclarer en faveur du duc, & ils n'hésiterent point à soutenir ses intérêts, de sorte que quelques-uns de leurs drapeaux s'étant joints aux siens, on se trouvoit à la veille de voir la république des Suisses se déchirer elle-même, & donner par-là plus de jeu à l'ambition d'un prince voisin. On ne perdit point de temps à la cour de Henri III. pour détourner cette rupture. Les miniſtres que le roi avoit dans la Suiſſe pour le renouvellement de l'alliance, offrirent la médiation de leur maître. Ceux des cantons, qui n'avoient point pris part dans cette affaire, en ayant fait autant de leur côté, le ſénat de Berne conſentit à une aſſemblée de pacification. Les trois ambaſſadeurs de France, Mandelot, Fleuri, & de Hautefort s'y trouverent le 9. Août. Elle étoit convoquée à Berne. Toute l'animoſité tomba au premier abord de ce congrès Les députés de Zurig & de Fribourg furent chargés de ſe rendre dans les deux camps pour y publier l'accord des médiateurs. Henri III. députa enſuite le ſeigneur Bernard de la Valette au duc de Savoie, pour l'engager par les repréſentations les plus vives & même par les menaces les plus fortes à rénoncer à toute entrepriſe ſur Geneve. Cette députation augmenta la haine des ligueurs contre le roi ; car entr'autres reproches qu'ils faiſoient à ce prince, ils alléguoient la protection qu'il avoit accordée à Geneve, à la priere des cantons réformés.

Sur les exploits de Mr. de la Valette en 1586 & 1587.

Mr. de la Valette ſe rendit à Grenoble en l'année 1586. Sa petite armée étoit composée de deux mille hommes de pied françois, de mille ſuiſſes conduits par le colonel Gallaty & de cinq cens chevaux. Il lui fit ouvrir la campagne de 1586. par le ſiege d'Eurre. Après la priſe de cette place, il s'empara d'Alez & de l'Eſtic. Lesdiguieres, chef des huguenots, s'étoit retiré à Montelimar. La Valette fit d'inutiles efforts pour l'envelopper. Il eut quelque avantage dans un combat donné dans les environs de Moneſtier de Clermont. Un détachement envoyé par Leſdiguieres voulut en diſputer le paſſage. Durant l'action, un ſoldat des troupes de la Valette ayant bleſſé d'une arquebuſade le colonel Gallaty, qui étoit proche de ce général, fut arrêté dans le moment qu'il ſe jettoit du côté des ennemis. Il s'accuſa d'avoir voulu tuer la Valette, & par une étrange calomnie, il chargea Leſdiguieres de l'avoir incité à ce crime. Les ligueurs de la province, également ennemis de ces deux capitaines, avoient juré depuis long-temps leur perte commune. Mais Leſdiguieres n'eut pas de peine à ſe laver dans l'eſprit de la Valette d'une imputation ſi infame. Il ne ſe contenta pas d'en montrer toute la fauſſeté par les preuves les plus évidentes ; mais il manda au corps helvetique la conduite qu'il avoit tenue dans cette occaſion, pour diſſiper les impreſſions que la bleſſure du colonel Gallaty auroit pu faire naître dans les eſprits des chefs de cette république. On peut voir tout le détail de cette hiſtoire dans la vie du connétable de Leſdiguieres. Le régiment de Gallaty & ceux de Reding & Leid servirent au siege de Chorges, qui fut fameux par les belles actions qui s'y firent de part & d'autre.

Mr. de Thou rapporte que quarante-deux drapeaux, levés dans les cantons de Zurig, de Berne, & de Bâle, & dans les Grisons, vinrent en 1587. au secours des huguenots de la France ; que Claude Antoine de Vienne sieur de Clervant les commandoit ; que ces quarante-deux drapeaux formoient vingt mille hommes, & qu'on en détacha quatre mille sous la conduite de Cugy pour le Dauphiné. Il convient de développer la maniere dont ces levées furent mises sur pied. François de Lesdiguieres, François de Coligni sieur de Chatillon, & François de Lettes, baron d'Aubonne, en avoient été les auteurs. Ce dernier, quoique banni du canton de Berne pour un meurtre, seconda si adroitement les vues des deux seigneurs françois, qu'il engagea plusieurs particuliers du pays de Vaud, & des comtés de Montbelliard & de Neufchâtel, à lever sous main quelques compagnies, malgré les défenses du magistrat. Les principaux de ces capitaines étoient Guillaume Villiermin, seigneur de Monnaz, Priam Villermin son frere, les seigneurs de Cugi & de Virol, François de Martines, Louis Osterunld, maire de Neufchâtel, & Jean Simonin de Montbelliard. Cette levée étoit composée de quatre mille hommes. Cugi, qui les conduiſit en Dauphiné, étoit du pays de Vaud, & le même qui avoit prétendu en 1575. devenir chef des huguenots après la mort de Montbrun. Ce gentilhomme ſe hâta, avec Guillaume Stuart de Vezins, de mener ces dix drapeaux dans le Dauphiné. Les huguenots n'avoient point ceſſé de faire tête à l'armée de la Valette. Leſdiguieres leur général, remportoit chaque jour des nouveaux avantages. Maître de Montelimart, il en fortifioit les environs. Dès qu'il apprit la marche de Cugy, il ſe porta ſur les bords du Rhône, tandis que Chatillon s'avançoit par le Dauphiné avec deux mille arquebuſiers du Languedoc, pour aller joindre l'armée que le prince de Condé attendoit de l'Allemagne. Ces deux chefs vouloient favoriſer le paſſage du ſecours que Cugi emmenoit. Ce renfort conſiſtoit, comme nous avons dit, en quatre mille ſuiſſes, en deux compagnies de gens de pied françois, total quatre mille cinq cens hommes, & une cornette de cavalerie ſous les ordres du baron d'Aubonne. La Valette qui commandoit l'armée du roi, n'avoit avec lui que cinq cens chevaux & deux mille cinq cens arquebuſiers, lorſqu'il attaqua ce ſecours le 19. Août, près d'Huriage, ſur les bords des rivieres du Drac & de l'Iſere. Il tailla en pieces tout le renfort, & la victoire fut ſi complette, qu'il ne ſe ſauva des ennemis que cent hommes, qui joignirent le détachement de Chatillon. Stuart de Vezins, & Montrichér, son lieutenant, & le baron d'Aubonne se retirerent, le premier, au pont de Vigiles, & les deux autres aux Oysans ; mais ils furent bientôt après fait prisonniers avec soixante suisses. La Valette envoya au roi neuf drapeaux pour marques de sa victoire. Alphonse Ornano, colonel des Corses, qui avoit eu le plus de part au succès de cette journée, fut si indigné de voir que la Valette s'en attribuoit tout l'honneur, qu'il se rendit aussi-tôt à la Cour, & Henri III. le reçut avec tous les honneurs dus à sa valeur & à sa réputation. Aubigné écrit *que la Valette, qui avoit le secret du roi, ne contribua à cette défaite que le moins qu'il pût, & n'y alla qu'à regret : mais qu'Alphonse, qui ne s'entendoit point aux dissimulations de la cour, s'y porta d'autant plus hardiment, qu'il croyoit de rendre par-là un grand service à son prince.* L'historien Stettler qui parle de ce combat, rapporte que parmi les prisonniers, on compta le capitaine Priam Villiermin, & que le roi accorda depuis leur rançon, à la priere du canton de Berne.

OBSERVATION

Sur la ligue entre messieurs de la Valette & de Lesdiguieres en 1588.

MR. de la Valette étant déterminé à faire une ligue pour les intérêts du roi avec Mr. de Lesdiguieres, se rendit à Montmaur en Dauphiné ; le sieur de Buisson, gentilhomme provençal, s'aboucha avec Gouvernet, député de la part de Lesdiguieres, & ils conclurent une ligue offensive & défensive que ces deux seigneurs ratifierent quelques jours après. En voici la teneur tiré de l'histoire du connêtable de Lesdigieres, par Louis Videl.

Traité entre Mrs. de la Valette & de Lesdiguieres.

» CHACUN connoît assez les sinistres intentions du sieur duc de Guise, » & de ceux de sa maison, qui depuis » long-temps ont conspiré la subversion » de ce royaume, & la perte des princes du sang, & de tous leurs parens, » alliés & serviteurs. Ce qui est notoire à tout le monde, vu les ligues, menées & intelligences qu'ils » ont avec les Espagnols, & autres » princes & potentats étrangers, anciens ennemis du bien & repos des » François. Ce qui étant bien avéré &

» reconnu par nous ſieurs de la Valette
» & de Leſdiguieres, & vu les parti-
» ticuliers & ſiniſtres deſſeins que le-
» dit ſieur de Guiſe, ſon frere & ceux
» de ſa maiſon ont contre nous, &
» contre Mr. le duc d'Epernon, pour
» lequel Mr. de la Valette traite, &
» & promet faire obſerver & garder
» tout ce que deſſous, & qui s'en en-
» ſuivra. Doncques, nouſdits ſieurs de
» la Valette & de Leſdiguieres, avons
» pour le bien & la conſervation des
» princes du ſang, & pour la défenſe
» de nous & de notre parti, juré union
» entre nous, offenſive & défenſive,
» envers tous & contre tous, aux con-
» ditions & qualités ſuivantes, laquelle
» nous promettons, & jurons ſolem-
» nellement devant Dieu & ſes Anges
» d'obſerver & garder inviolablement,
» & à jamais très-réligieuſement, com-
» me choſe jurée, & promiſe de fran-
» che volonté, & ſans aucune contrain-
» te; ſavoir, ledit ſieur de la Valette,
» tant en ſon nom, & de Mr. le duc
» d'Epernon ſon frere, que de tous les
» ſeigneurs, & autres de ſon parti; &
» ledit ſieur de Leſdiguieres auſſi, tant
» en ſon nom, que de tous les ſeigneurs,
» gentilshommes & autres de ſon parti,
» pour leſquels chacun d'eux ſe fait
» fort & jure pour eux.

» Premiérement, qu'il demeure en
» l'élection dudit ſieur de la Valette de
» ſe déclarer, ou de ſe ſervir des forces
» & moyens dudit ſieur de Leſdiguie-
» res, ouvertement, ou couvertement,

» jusques à ce qu'il en connoistra l'oc-
» casion propre, & quand bon lui
» semblera.

» Nous promettons & jurons de nous
» assister les uns les autres, toutefois
» & quantes que nous en serons re-
» quis, ouverrement ou couvertement,
» à notre élection.

» Qu'il ne s'entreprendra, ni de costé
» ni d'autre, sur les places des deux
» partis; mais au contraire, seront
» tenus de nous avertir l'un l'autre, des
» intelligences que l'on pourroit décou-
» vrir estre faites sur lesdites places,
» de l'un ou l'autre parti, & là où
» aucunes dicelles seroient surprises,
» seront tenus indifféremment de la se-
» courir, ou recourir, dès aussi-tost que
» nous dits sieurs de la Valette & de
» Lesdiguieres en aurons avis; lequel
» secours se fera ouvertement.

» Pour la Provence, ne s'y pourra
» commettre aucun acte d'hostilité par
» ledit sieur de Lesdiguieres, ou ceux
» de son parti, sous quelque prétexte
» que ce soit; & s'ils y entrent pour
» leurs contributions, n'y pourront sé-
» journer plus de trois jours, avec cent
» chevaux, lesquels ne seront nulle-
» ment recherchés, ni attaqués par les
» troupes du sieur de la Valette, & de
» son parti.

» Quant au marquisat de Saluces, il
» se fera une treve ouverte avec ceux
» du pays, par le moyen de laqnelle
» un chacun demeurera libre en sa
» maison, & le commerce sera permis

» à tous indifféremment, sans que pour
» raison de ladite treve, il soit payé
» aucune chose : & quand ledit sieur
» de la Valette seroit contraint de pren-
» dre le payement & entretenement
» de ses forces, de son autorité sur
» ledit pays de Provence, en ce cas
» ledit sieur de Lesdiguieres & lui en
» conviendront.

» Ne se pourra faire payer rançon à
» aucun prisonnier, d'un parti ni d'au-
» tre, qui pourroient être pris après le
» présent traité ; & pourront ceux de
» l'un & de l'autre parti, passer & re-
» passer librement, par tous les lieux
» de nos pouvoirs, sans nul arrest ou
» empeschement, ni que les uns ou
» les autres puissent estre fouillés, ni
» leurs despeches ouvertes, en portant
» passeport de l'un ou de l'autre seule-
» ment.

» Ne se pourra forcer, ni fortifier
» ni surprendre aucune place en Pro-
» vence : mais ledit sieur de Lesdi-
» guieres pour tous ceux de son parti
» prendra ledit pays en sa protection,
» comme aussi ledit sieur de la Valette
» prendra en sa sauvegarde toutes les
» places tenues par ledit sieur de Les-
» diguieres, & ceux de son parti. Et
» pour les forts de Cederon, & la Breol-
» le, ils seront démollis au jour nom-
» mé : Fait à Castel-Arnoux, le qua-
» torzieme jour d'Août 1588.

LA VALETTE, LESDIGUIERES, & cachetée de leurs sceaux.

NOTES

HISTORIQUES ET CRITIQUES

Sur le connétable de Lesdiguieres.

FRançois de Bonne, duc de Lesdiguieres, pair, maréchal & connétable de France, chevalier des ordres du roi, & gouverneur du Dauphiné, étoit fils de Jean de Bonne, seigneur de Lesdiguiere & de Françoise de Castelane. Il prit naissance à saint Bonnet de Champsaur le premier Avril de l'an 1543. Il se rendit recommandable dans les guerres des huguenots, dont il embrassa le parti & la religion. Ses premiers exploits se firent au secours de la ville de Grenoble l'an 1563. il défit les habitans de Gap à Laye & au Buzon, & depuis il fut l'un des chefs de son parti dans le haut Dauphiné l'an 1577, où il se rendit maître de Montelimart, d'Embrun & de Grenoble, en l'année 1590.

Etant ensuite rentré dans son devoir, le roi le fit lieutenant général de ses armées de Piedmont, de Savoie & de Dauphiné, avec lesquelles il obtint plusieurs avantages sur les troupes du duc de Savoie, qu'il défit aux combats d'Esparon le 15. Avril de l'an 1591. de Pontcharra le 18. Septembre suivant; de Vigon le 4. Octobre 1592; de Gresillanne, de Salebertan en 1593. & des Molettes le 14. Août de l'an 1597. Il prit de force Givouro, Barcelonette, Cavours, & les forts d'Exilles, de Chamousset, de la Tour-Charbonniere, & de Barraux en 1698. & contribua beaucoup à la conquête de toute la Savoie. En reconnoissance de ses grands services le roi Henri IV. lui donna le bâton de maréchal de France, étant à Fontainebleau au mois de Septembre 1608. Louis XIII. le fit duc & pair en 1619, & maréchal général des camps & armées en 1621. Le maréchal duc de Lesdiguieres abjura le calvinisme à Grenoble dans l'église de saint André le 22. Juillet 1622. entre les mains de Guillaume d'Hugues, archevêque d'Embrun. Le roi, pour s'assurer de sa conversion, lui envoya dans la même année Mr. Claude Bullion, pour lui déclarer, que s'il étoit véritablement catholique, il seroit connêtable. Bullion, qui avoit été long-temps bon huguenot, abordant le maréchal, lui dit tout haut. *Monsieur, croyez-vous la transubstantiation ? Oui*, répondit le maréchal, qui dévina de quoi il s'agissoit : *puisque vous me l'assurez*, répliqua Bullion, *je vous annonce que vous allez être connétable.* Lesdiguieres reçut le collier de l'ordre du saint esprit à la fin du mois d'Août de la même année 1622.

Le duc de Rohan parle dans ses mémoires du connêtable de Lesdiguieres, comme d'un ennemi déclaré de sa secte; mais il a tort de dire que ce grand capitaine

capitaine sacrifia sa religion à sa fortune en recevant l'épée de connêtable, puisque depuis long-temps il ne croyoit ni à Beze, ni à Calvin. Lesdiguieres ne brigua point toutes ces dignités. Le bâton de maréchal, le brevet de duc & pair, le cordon bleu, & l'épée de connêtable lui furent envoyés, & on le dispensa d'en venir prêter le serment. Le duc de Savoie appelloit Lesdiguieres *le renard du Dauphiné.*

Le connêtable de Lesdiguieres commanda l'armée du roi en Italie en 1625. & il y fit plusieurs conquêtes. Il repassa les monts pour attaquer les huguenots du Vivarais, qui avoient pris les armes; il les combattit toujours avec succès. Il fut attaqué dans la même année à Valence en Dauphiné d'une maladie mortelle; il se confessa plusieurs fois, reçut le saint viatique & l'extrême-onction avec beaucoup de piété: il dit, étant prêt d'expirer, à ceux qui l'environnoient, ces belles paroles. *Vous savez, mes amis, qu'il y a quatre ans que je fais profession de la religion catholique, apostolique & romaine, à laquelle Dieu m'a appellé par sa sainte grace; je vous prie, & tous mes autres serviteurs qui ne sont pas ici, de m'imiter en cela: car vous y ferez votre salut, lequel vous ne pourrez espérer en la religion où vous êtes: je vous y exhorte de tout mon cœur, & vous en conjure.* Ce grand homme mourut le 28. de Septembre de l'année 1625. âgé de quatre-vingt quatre ans. On prétend qu'il aiſſa cinq cens mille livres de rente, force pierreries, & une ſomme conſidérable d'argent comptant.

Le connêtable de Leſdiguieres avoit épouſé [en l'année 1564. Claudine de Berenger, quatrieme fille de George de Berenger, ſeigneur de Gua, & de Catherine de Berenger. Il eut de ce premier mariage un fils & une fille. Le fils mourut à l'âge de ſept ans. La fille Magdelaine de Bonne épouſa en 1595. Charles de Crequi, maréchal de France.

Madame de Leſdiguieres étant morte en 1608. Leſdiguieres eut un commerce ſcandaleux avec la célebre Marie Vignon, fille de baſſe naiſſance; elle étoit mariée à un nommé Martel, marchand de ſoie de Grenoble. Leſdiguieres l'enleva d'entre les bras de ſon mari, la logea chez lui, & la fit appeller madame de *Moyrans*, du nom d'une de ſes terres, & enſuite il l'appella la marquiſe de *Tréfort*. Martel, mari de *la Vignon*, ayant été aſſaſſiné, cette femme qui avoit autant d'eſprit que de beauté, & l'ame auſſi grande que Leſdiguieres, gouverna abſolument le connêtable. Mais cet homme ſi fameux par ſa valeur entre les plus grands guerriers, apprit de St. François de Sales la vérité & la vertu. Ce ſaint évêque de Genêve prêcha l'avent de l'année 1616. à Grenoble; Leſdiguieres fut aſſidu à ſes ſermons, & il eut même pluſieurs conférences ſecretes & particulieres avec lui. Le ſaint lui conſeilla de faire ceſſer le ſcandale de ſa conduite avec la *belle*

Marie Vignon, de renvoyer cette dame ou de l'épouser. Lesdiguieres lui promit qu'il l'épouseroit : en effet, étant de retour d'Italie, *Guillaume d'Hugues*, archevêque d'Embrun, les maria à Lyon le 16. Juillet 1617. chez le baron de Marcieux. Il se rendit ensuite à Grenoble ; il y trouva le marquis de Villeroy, qui l'ayant félicité sur son mariage, il lui répondit : *mon ami, vous vous êtes marié à dix-huit ans, & moi à soixante-cinq ; n'en parlons plus ; il faut une fois en sa vie faire une folie.* Ce marquis de Villeroi est Nicolas de Neufville, duc de Villeroi, pair & maréchal de France, chevalier des ordres du roi, gouverneur de Louis le grand. Il avoit épousé en 1617. Magdelaine de Crequi, seconde fille de Charles de Crequi & de Magdelaine de Bonne, fille du connêtable. Lesdiguieres eut de son second mariage avec Marie Vignon deux filles; l'aînée nommée Françoise, fut mariée en l'année 1612. à Charles-René du Pui-Montbrun, dont elle fut séparée après la mott de sa sœur, & elle fut avec dispense du pape en 1623. la seconde femme du même maréchal de Crequi. La seconde fille épousa le 10. Février 1619. François de Bonne d'Agout, comte de Sault. Elle mourut en 1622. sans postérité.

Remarque sur BAY-SUR-BAY.

Bay-sur-Bay ou Baïs-sur-Baïs : Baïs est une paroisse du diocese de Viviers, à quatre lieues & demie au nord de cette ville, de 221 feux, habité par 990. personnes : long. 22. deg. 23. m. lat. 44. d. 42. m. 50. sec. Baïs-sur-Baïs est dans le district du rivage du Rhône, suivant une division donnée par un ingénieur employé en Vivarais, pays dont la géographie étoit peu connue. Il y ajouta une description du diocese de Viviers en sept divisions ; le rivage du Rhône ; la montagne où est Pradelle ; les Botieres hautes & basses, dont saint Agreve & Privas sont les chefs-lieux ; les Cevennes, où est Aubenas ; les Mailhaguez, où est Villeneuve de Berg ; & le Covirou. où l'on trouve Mirabel. Cette paroisse, comme celle du Pousin, s'étend à la gauche du Rhône. Le château de Gasavel, appartenant à la famille de Gardon, & celui de la Mothe sont situés dans cette partie-là. Tout le terrein que le Rhône laisse à sa gauche en se retirant vers le Languedoc, appartient toujours au Languedoc, & non au Dauphiné. Le château de Baïs-sur-Baïs a soutenu plusieurs sieges, & tombe en ruine. Louis-Jacques d'Audibert de Lussan, archevêque de Boudeaux est né en 1703. à Baïs, seigneurie qui appartient à son frere Charles-Claude d'Audibert de Lussan, lieutenant général des armées du roi.

Observation sur le comte D'ANGOULEME.

Henri de Valois, comte d'Angoulême, grand prieur de France, gouverneur de Provence, & amiral des mers du Levant, étoit fils du roi de France Henri II. & d'une belle demoiselle écossoise nommée *Flaming*, de la maison de *Leviston*, qui étoit fille d'honneur de la reine Catherine de Médicis. De la maniere dont s'explique Brantome, elle ne fit point un secret de sa galanterie avec Henri II. puisqu'étant devenue enceinte, elle ne chercha point à en imposer aux yeux de la Cour; & comme dit *Brantome* dans son style, *n'en fit point la petite bouche, disant hardiment dans son écossement françois, que loin d'être fâchée de l'état où elle se trouvoit, elle s'en sentoit très honorée & très heureuse.* On peut voir dans le second tome des dames galantes de cet auteur les raisons qu'elle en donnoit. Peut être sont-elles du crû de Brantome, qui imagine & débite sans beaucoup de scrupule ce qu'il lui plait dans ces occasions. Cette belle écossoise rendit le roi Henri II. pere d'Henri d'Angoulême grand prieur de France. *C'étoit*, dit Brantome, *un très-honnête, brave & vaillant seigneur .... homme de bien, & le moins tyran gouverneur de son temps, ni depuis. La Provence*, ajoute-t-il, *en sauroit bien que dire: & encore que ce fût un seigneur splendide & de grande dépense, il étoit homme de bien, & se contentoit de raison.* Ces éloges sont confirmés par ce qu'en dit Gaufridy dans son histoire de Provence, où il le traite *de vrai nourrisson des muses & des belles lettres.* Ce fut à sa suite que *Malherbe* perfectionna en Provence le goût qu'il avoit pour la poésie. On peut voir dans le même historien la conduite du grand prieur dans son gouvernement de Provence & sa mort funeste. Il regardoit avec raison Philippe *Altoviti* gentilhomme de Marseille, & mari de la belle *Renée de Rieux-Chateau-neuf*, comme son ennemi. Etant allé dans la maison où demeuroit à Aix *Altoviti*, pour lui reprocher sa conduite & ses brigues contre lui, il entre seul dans l'appartement de son ennemi, & lui passe son épée au travers du corps. Altoviti blessé à mort, recueille un reste de force, s'élance sur le grand prieur, le saisit, le frappe d'un poignard, & ce prince mourut de sa blessure le lendemain de cet accident tragique.

Le grand prieur ignoroit que sa plaie fût mortelle ; on lui en dissimuloit même le danger ; mais le pere *Pompée*, cordelier, qui étoit son confesseur, lui ayant dit nettement qu'il ne falloit plus songer à la vie, le grand prieur lui répondit sans émotion : *il ne faut plus penser à vivre ; eh bien, pensons donc à mourir.* Il s'y disposa aussitôt, & mourut en héros chrétien. Sa mort arriva le 2. Juin 158 . suivant Anselme ; mais cet auteur se trompe ; *Ruffi*, *Gaufridi*, *Louvet*, *Mauroi* & plusieurs autres s'accordent & fixent sa mort le 1. Juin 15 6.

Philippe Altovitis, que le malheur éclatant que nous venons de rapporter rendit célebre dans l'histoire, étoit d'une famille illustre d'Italie. Antoine d'Altovitis étoit archevêque de Florence en 1568. Altovitis avoit épousé Renée de Rieux, baronne de Castelane & de Châteauneuf, nommée par d'Aubigné, princesse de Bretagne. Sa beauté, comme le dit Mezerai, sous Henri III. pensa la faire reine de France. Elle étoit parfaitement bien faite ; elle avoit les cheveux du plus beau blond du monde ; la pureté & la vivacité de son teint en recevoient un nouvel éclat : la douceur de ses regards n'ôtoit point à ses yeux cet air spirituel & fin qui anime la tendresse, & l'inspire aux plus indifférens. Elle commença à briller à la cour sous le regne de Charles IX. & ensuite d'Henri III. Long-temps après qu'elle eut disparu & qu'elle fut retirée en Provence, on croyoit louer assez une belle personne, en disant qu'*elle avoit de l'air de mademoiselle de Chateauneuf.* Le célebre Desportes, qui passoit avec raison pour le *Tibulle* de son siecle, & qui étoit un riche écclésiastique, prostitua lâchement sa muse à chanter les amours, à peindre les ennuis, le désespoir & les autres passions des grands. On trouve dans ses poésies plusieurs sonnets en faveur de la belle de Chateauneuf. Entr'autres un sonnet où il compare cette belle personne à un *biau château.* Après le mariage d'Henri III. avec Louise de Lorraine-Vaudemont la belle Chateauneuf épousa un Florentin nommé *Antinotti.* Le mépris de l'épouse pour son mari, & les autres suites d'un mariage que l'intérêt avoit fait conclure, firent naître entre *Antinotti* & sa femme une haine déclarée. Elle le tua de sa propre main en 1577. Ce crime ne fut pas poursuivi ; elle épousa ensuite Philippe Altovitis. Le roi lui donna pour présent de nôces la terre de Castelane. Le sort de ce second mari ne fut guere plus heureux que l'avoit été celui d'*Antinotti*. Il provint de ce mariage une fille unique, nommée Marsei le d'Altovitis, aussi distinguée par sa vertu que par les qualités d'un esprit orné des plus belles connoissances Elle mourut à Marseille en 1606. & elle fut inhumée dans l'église des grands carmes.

On lit dans l'histoire d'Aubigné, t. 3. l. 1. pag. 33. que mademoiselle de Rieux de Chateauneuf, *princesse de Bretagne*, pensa devenir reine de France, le duc d'Anjou, depuis Henri III. ayant voulu l'épouser. Nous allons donner des éclaircissemens sur ce titre de *princesse de Bretagne* & de *princes* qu'on voit sur des tombeaux de la maison de Rieux. Les sires de Rieux se qualifioient *seigneurs de sang*, & l'on voit dans les regîtres des tenues des états de Bretagne en 1576. & 1582. que cette qualification fut confirmée, même à leurs cadets, par l'assemblée des états. Pourquoi cette qualification ? Parce qu'ils descendoient des anciens ducs de Brétagne par Rodald de Rieux, petit-fils d'*Alain* dit le grand, duc de Brétagne. Cet Alain etoit petit-fils de

Nominoé, roi de toute l'Armorique, qui commença de régner en 879.

Les colliers de l'ordre de l'*hermine*, ſelon la qualité des perſonnes à qui les dues de Brétagne les donnoient, étoient d'or, de vermeil, ou ſimplement d'argent. Ils ne donnoient ſans doute le collier d'or qu'à leurs très-proches parens, ou aux princes, ou à ceux qui en deſcendoient. Dans les comptes de Guillaume de Boigier, tréſorier de l'épargne, années 1453. 1454. & 1455. on lit que *le duc a fait faire un collier d'or pour lui, au lieu du ſien, qu'il avoit donné au beau couſin de Rieux.* On lit encore dans d'autres articles, *la ducheſſe Iſabeau d'Ecoſſe, collier d'or. Le beau couſin de Rieux, collier d'or. Le frere de la reine de Boheme, collier d'or.*

Renée de Rieux Chateauneuf qu'Henri III. voulut épouſer, étoit niece de Claude de Rieux, qui avoit épouſé le 13. Décembre 1529. Suſanne de Bourbon, fils unique de Louis de Bourbon, prince de la Roche-ſur-yon, & de Louis de Bourbon-Montpenſier.

Obſervation ſur le duc D'EPERNON.

JEAN-LOUIS de Nogaret, favori d'Henri III. & par lui créé premier duc d'Epernon en 1581. ce duc poſſédoit tant de charges, qu'à la cour on l'appelloit *la garde-robe du roi*, Il étoit chevalier des ordres du roi, pair & amiral de France, premier gentilhomme de la chambre du roi, colonel général de l'infanterie françoiſe, gouverneur de Provence, de Guienne, d'Angoumois, Saintonge, Aunis, la Rochelle, du Limouſin, de Loches, du Boulonois & du pays Meſſin.

Le jour que le duc d'Epernon alla ſe faire recevoir au parlement en la charge d'amiral de France, l'avocat général Faye ayant appellé Henri III. ſaint en pleine audience, un critique ſe moqua de cette apothéoſe par le diſtique ſuivant, qui fut ſemé par tout Paris dès le même jour.

Quis neget Henricum miracula prodere mundo
Qui fecit montem qui modo vallis erat?

C'eſt-à-dire, *oſera-t-on nier qu'Henri fait des miracles, lui qui d'une vallée en a fait une montagne.*

Le duc d'Epernon eut une grande conteſtation avec Henri de Sourdis, archevêque de Bourdeaux. Le duc & lui étoient aux priſes depuis long-temps pour des pures pointilleries. Le prélat ſe plaignoit que le duc ne lui rendoit pas les honneurs qui lui étoient dus, & le duc, que ce prélat ne lui en rendoit pas aſſez. Les choſes s'aigrirent à un point que les gardes du duc, ſous je ne ſais quel prétexte, arrêterent dans la rue le caroſſe de l'archevêque. Auſſi-tôt ce prélat ſort de ſon caroſſe, implore le ſecours du peuple, excommunie les gardes, & indique à l'archevêché une assemblée générale des chanoines de la métropole, des curés de la ville, & des supérieurs des maisons religieuses, pour résoudre avec eux en quels termes il fulmineroit des censures contre le duc d'Epernon. Ce seigneur moins allarmé qu'irrité de cette assemblée, fait investir le palais de l'archevêque, pour empêcher qu'elle ne se tienne.

Envain le parlement qui craignoit une sédition, s'entremit pour les accorder. L'un & l'autre ne put se contenir. L'Archevêque sort de son palais, & va à pied de rue en rue, criant de toute sa force : *à moi mon peuple, à moi, on fait violence à l'église.* Le duc marche de son côté à la rencontre de l'archevêque, le prend par le bras, lui donne du poing deux ou trois fois dans l'estomac, & avec sa canne lui jette son chapeau à bas, & le prélat ne cessoit de crier : *frappe, frappe, tyran, tes coups sont des fleurs pour moi, tu es excommunié.*

Dès qu'on sût à la cour une nouvelle si étrange, on interdit à d'Epernon l'exercice de toutes ses charges, jusqu'à ce qu'il eut été absous. Le cardinal de Richelieu prit ouvertement le parti de l'archevêque contre le duc, dont il haïssoit l'humeur impérieuse ; & il poussa si loin, que Mr. Cospean alors évêque de Lisieux ne pût s'empêcher de dire au cardinal : *monseigneur, si le diable étoit capable de faire à Dieu les satisfactions que Mr. le duc d'Epernon offre à Mr. l'archevêque de Bourdeaux, Dieu lui feroit miséricorde.* Cette rémontrance entra si bien dans l'esprit du cardinal, qui aimoit fort Mr. de Cospean, que le différend fut accommodé quelques jours après. On obligea le duc d'Epernon d'écrire une lettre humble & soumise à l'archevêque de Bourdeaux, & de se mettre à genoux devant lui pour écouter avec respect la réprimande vive & sévere que le prélat lui fit avant que de l'absoudre, devant l'église de Coutras où le duc étoit relegué. Les maires & jurats de Bourdeaux se trouverent par ordre du roi à cette cérémonie avec vingt-cinq tant présidens que conseillers du parlement, qui en dresserent procès verbal pour être lu & publié dans tous les carrefours de Bourdeaux. Ensuite le duc d'Epernon reçut l'ordre de sortir de son gouvernement de Guienne, & de se retirer à Loches. Il y mourut le 13. Janvier 1642. âgé de 87. ans neuf mois.

Il n'y a personne qui ait fait en son temps une plus grande figure que le duc d'Epernon. Envié de tout le monde, haï de tous les ministres, soupçonné de tous les complots, il ne laissa pas de conserver jusqu'à une extrême vieillesse ses charges, ses biens, son crédit, & cet air de supériorité & de distinction honorable qu'il avoit toujours eues sur les autres seigneurs de la cour. Homme d'esprit, homme de cœur; mais d'un orgueil insupportable;

ble ; avare d'inclination, magnifiqan par vanité. C'eſt le premier ſeigneur qui ait mis ſix chevaux à ſon caroſſe.

Nous ne parlons pas des exploits de guerre du duc d'Epernon, parce que la plus grande partie eſt rappellée dans la vie de ſon frere Bernard de la Valette.

OBSERVATION

Sur la conférence du duc D'EPERNON *avec Mr.* DE LA VALETTE.

LES mémoires manuſcrits de noble Jean de Morelli, docteur & citoyen d'Avignon, font mention de l'entrevue du duc d'Epernon avec ſon frere Mr. de la Valette dans la ville d'Avignon en ces termes :

Le vingt Février de l'année mil ſept cent quatre-vingt ſept, Mr le duc d'Epernon arriva à Avignon, où il fit un long ſéjour en attendant Mr. de la Valette ſon frere pour lui remettre le commandement de Provence ; pendant ce temps-là, il fit dépaver la rue de la Fuſterie, & ce ſeigneur & les principaux gentilshommes d'Avignon tous maſqués & accouſtrés de couleur coururent la bague. Le vingt Mars de la même année, monſieur de la Valette étant arrivé à Avignon, le duc d'Epernon lui remit le commandement de Prevence, & il partit enſuite pour la cour.

Obſervation ſur le maréchal ALPHONSE D'ORNANO.

ALPHONSE d'Ornano, né en Corſe, étoit fils du fameux Corſe *San-Pietro-*

Bastilica, qui servoit sous. François I. en Piémont, en Provence, en Flandres, & en Roussillon. Ce grand homme, qui rendit tant de services à la France, & fit tant de maux à sa patrie, devoit à son mérite toute son élévation. Il étoit de basse naissance; son nom étoit *San-Pietro di Bastilica*, parce qu'il étoit né dans ce bourg de l'isle de Corse; il est situé à l'orient septentrional de la ville d'Ajazzo. Quelques auteurs prennent *Bastilica* pour la petite ville qu'on appelloit anciennement *Tarabinorum-vicus*. *San-Pietro* qu'on nommoit par corruption *San-Pierro*, s'acquit par ses exploits la réputation d'un des meilleurs capitaines de son siecle. Il avoit épousé *Vannina d'Ornano*, héritiere unique de la maison d'Ornano, l'une des plus illustres de l'isle. *San-Piero* étoit adoré des Corses; & les Génois qui craignoient les suites de son attachement pour la France, voulurent le perdre. Ils le firent arrêter à la Bastie, peu après son mariage, & sans la protection d'Henri II. il auroit perdu la tête : cet événement lui fit concevoir une haine extrême contre les Génois. Deux fois il entra en Corse, deux fois il battit leurs troupes; les Corses exercerent contre les Génois les plus cruelles violences. Ils pillerent leurs biens, brûlerent leurs maisons, massacrerent leurs femmes & leurs enfans, ou les vendirent aux Turcs. Mais lorsque la paix signée le 2. Avril 1559. à Cateau-Cambresis l'eut privé du secours du roi de France, *San-Pietro* alla à Constantinople en demander au grand ſeigneur; mais il ne put rien obtenir. Pendant ce voyage, *Vannina d'Ornano* ſa femme qu'il avoit laiſſée à Marſeille, réſolut de paſſer à Gênes pour y ſolliciter la grace de ſon mari; elle s'étoit à cet effet embarquée à Marſeille; mais *Antoine de San-Fiorenzo*, ami intime de *San-Piero*, s'étant jetté dans une félouque, la joignit à la hauteur d'Antibes, & la ramena à Aix. *San-Piero*, à ſon retour de Conſtantinople, alla à Aix où il trouva ſa femme. Le projet de *Vannina d'Ornano*, quoique très-louable, lui déplut ſi fort qu'il lui dit en colere qu'il ne lui pardonneroit jamais un auſſi imprudent deſſein, & lui ordonna de le ſuivre. Le parlement s'y oppoſa; mais cette femme généreuſe ne voulut pas paroître craindre ſon époux; ſans s'effrayer, & ſans faire ni plainte, ni reproches, elle ſe prépara à la mort. *San-Piero* la mena à Marſeille, & la tint renfermée durant trois jours dans une chambre. Enſuite comme il s'étoit accoutumé à lui parler toujours avec reſpect, parce qu'elle étoit d'une illuſtre naiſſance, ôtant ſon chapeau il lui déclara qu'il falloit mourir, & qu'il feroit venir des eſclaves Turcs pour faire cette expédition. Elle ſe détermina à la mort avec une réſolution au-deſſus de ſon ſexe, & lui demanda pour toute grace que, puiſqu'il étoit le ſeul homme qui l'eût touché juſqu'alors, elle ne reçût pas la mort d'une autre main que de la ſienne. *San-Piero*, ſans être attendri par la vertu & la beauté de *Vannina d'Ornano*, mit un genouil en terre, délia les jarretiéres de ſa femme, l'embraſſa tendrement, l'appella ſa reine & ſa maîtreſſe, & l'étrangla. Action barbare qui fit un tort infini à ce capitaine. Quelque réputation qu'il eut acquiſe par ſes exploits, le nom de *Baſtilica* devint par-là ſi odieux, qu'*Alphonſe* ſon fils fut contraint de quitter ce nom pour prendre celui d'*Ornano*, nom de la famille de la mere. *San-Piero* ſe rendit enſuite en poſte à la cour de France. La reine-mere Catherine de Médicis ne voulut pas ſouffrir la vue d'un ſi méchant homme, dont les mains étoient encore teintes du ſang d'une ſi vertueuſe épouſe. *San-Piero* découvrit ſa poitrine, & fit voir les cicatrices des bleſſures qu'il avoit reçues au ſervice de la France, & il dit : *qu'importe au roi de ſavoir ſi San-Piero a bien ou mal vécu, & comment il s'eſt comporté avec ſa femme.* *San-Piero* paſſa enſuite en Corſe où il fut aſſaſſiné au commencement de l'année 1567.

Alphonſe d'Ornano, fils de *San-Piero* & de *Vannina d'Ornano*, fut chevalier des ordres du roi, colonel général des corſes, lieutenant général en Dauphiné & en Guienne, & maréchal de France. Il fut nourri & élevé à la cour du roi Henri II. comme enfant d'honneur des princes de France, & il demeura toujours très-affectionné au parti du roi Henri III. après la mort duquel, il ſuivit celui du roi Henri IV. qu'il reconnut des premiers. Il s'unit avec le maréchal de Leſdiguieres & le connétable de Montmoranci pour le ſervice du roi, & il remit ſous ſon obéiſſance les villes de Lyon, de Grenoble & de Valence. Il fut créé chevalier des ordres du roi le 7. Janvier 1595. lieutenant-général en Dauphiné, maréchal de France le 6. Septembre ſuivant ; & au mois d'Octobre 1599. il fut pourvu de la lieutenance générale du gouvernement de Guienne : il mourut de la pierre à Paris le 21. Janvier 1610. âgé de ſoixante-deux ans.

Il avoit épouſé Marguerite de Pontevez, fille de Durand de Pontevez de Flaſſans, d'où vint Jean-Baptiſte d'Ornano auſſi maréchal de France.

Obſervation ſur le comte de Maugiron.

LAURENS de Maugiron, comte de Montleans, baron d'Ampuis en Lyonnois, dioceſe de Vienne, chevalier de l'ordre du roi, capitaine de cent hommes d'armes, lieutenant-général en Dauphiné, & ſénéchal de Valentinois, rendit des notables ſervices à la France, tant à la guerre d'Italie que dans celle de la réligion. Maugiron fut nommé lieutenant de roi en Dauphiné après que Lamotte-Gondrin eut été aſſaſſiné par les proteſtans à Valence, dans la maiſon du préſident Plouvier, le lundi 27. Avril 1562. Il fut fait chevalier de l'ordre à Valence par Charles IX. en 1564. Il fut rétabli lieutenant de roi en Dauphiné après la mort de Gordes, arrivée à Montelimart le 21. Février 1508. & il fit ſon entrée à Grenoble le 2. Avril. Maugiron mourut vers le mois de Septembre 1588. Il avoit épousé Jeanne de Maugiron sa parente, dame de la Tivoliere, dont il eut Louis de Maugiron qui fut en grande faveur auprès d'Henri III.

C'étoit un jeune homme d'un grand courage & d'une grande espérance; il avoit fait de fort belles actions au siege d'Issoire, où il avoit eu le malheur de perdre un œil. Cette disgrace lui laissa assez de charmes pour être infiniment du goût du roi. C'est à l'entrée de la rue des Tournelles, où aboutissoit alors un des côtés du parc vis-à-vis la Bastille, que *Quelus*, *Maugiron* & *Livarot* se battirent en duel à cinq heures du matin, le 27. Avril 1568. contre d'*Entraigues*, *Riberat* & *Schomberg*. *Maugiron* & *Schomberg* qui n'avoient que dix-huit ans furent tués roides; *Riberat* mourut le lendemain; *Livarot* d'un coup sur la tête resta six semaines au lit; d'*Entraigues* ne fut que légérement blessé; *Quelus* de dix-neuf coups qu'il avoit reçus, languit trente-trois jours, & mourut entre les bras du roi, le 29. Mai, à l'hôtel de Boissy, dans une chambre qui a été depuis sanctifiée, puisqu'elle sert à présent de chœur aux filles de la Visitation de sainte Marie.

Observation sur le comte DE SUZE.

FRANÇOIS de la Baume, comte de Suze, chevalier des ordres du roi, conseiller d'état en son conseil privé, capitaine de cinquante hommes d'armes de ses ordonnances, amiral des mers du levant, gouverneur pour le roi de la Provence, & général pour le pape de l'état d'Avignon & du comté Vénaissin, fut l'un des plus grands hommes du XVI. siecle.

Il étoit issu de l'illustre & ancienne maison de la Baume-Suze en Dauphiné, aussi distinguée par ses hautes alliances, que par les actions éclatantes, & les grands emplois de ceux qu'elle a produit, ainsi que l'attestent *Guichenon* dans l'histoire de Bresse & de Bugey, *le Laboureur* dans ses additions aux mémoires de Castelnau, & *Louvet* dans l'histoire des troubles de Provence. Cette maison est en effet alliée aux principales maisons de l'Europe; nous ne nous étendrons pas sur sa généalogie. Il suffit de dire que l'ancienne & illustre maison de Saluces donna une épouse avec la terre de Suze en l'annee 1426. à Louis de la Baume, qui par son mariage avec Antoinette de Saluces, fille de Hugues, marquis de Saluces & de Marguerite de Baux, eut par cette alliance celle de plusieurs têtes couronnées, celle de Savoie, de Lorraine, de Montpensier, & même celle de Bourbon.

François de la Baume, comte de Suze leur petit-fils, dont il est ici question, se signala sur tout dans les guerres contre les calvinistes, dont ses victoires le rendirent la terreur. Il abattit l'orgueil des ennemis de Dieu & de la France dans les batailles de Cederon en Dauphiné, de Saint-Gilles en Languedoc, & il triompha en plusieurs autres occasions de toute la fortune du célebre baron des Adrets, & de l'intrépidité du brave Puy-Monbrun.

Je ne puis passer sous silence la réponse de ce fier calviniste à une lettre d'Henri III. *Quoi*, dit l'audacieux Monbrun, *le roi m'écrit comme roi, & comme si je le devois reconnoître? Qu'il sache que cela seroit bon en temps de paix, & que lors je le reconnoîtrai pour tel; mais en temps de guerre, qu'on a le bras armé & le cul sur la selle, tout le monde est compagnon.* Enfin le comte de Suze se signala par-tout, & il mérita par le consentement unanime des peuples celui d'un courage héroïque. Une longue suite de services éclatans rendus à l'état lui acquit la faveur & l'estime des rois de France, & l'éleva aux premiers honneurs.

Le roi Charles IX. dans son voyage de Dauphiné & de Provence, dîna le Jeudi 21. Septembre 1564. au château de Suze. Ce prince & la reine sa mere y tinrent sur les fonts de baptême une fille du comte de Suze, & la nommerent *Charlotte-Catherine*; après quoi on présenta une fort belle collation de toutes sortes de confitures. Cette filleule de Charles IX. & de Catherine de Médicis épousa dans la suite *Claude Alleman*, baron d'Uriage. Après que la terre de Suze eut été érigée en comté par lettres du mois de Décembre 1572. le comte de Suze fut fait chevalier des ordres du roi le 31. Décembre 1581. il reçut le brevet des charges de gouverneur de Provence & d'amiral le 1. Juin 1578.

Ce ſeigneur ſe voyant dans des continuels dangers de perdre la vie, fit ſon teſtament le 20. Juin 1580.

La nobleſſe catholique, dit le pere Daniel dans ſon hiſtoire de France, *avoit déféré en 1587. le commandement des troupes à François de la Baume, comte de Suze, non-ſeulement pour le rang que tenoit ſa maiſon, une des plus anciennes & des plus illuſtres du pays, mais encore parce qu'il avoit été lieutenant général des armées du roi, & dès l'an 1578. gouverneur de Provence & amiral du Levant, à la place & par la démiſſion du maréchal de Retz.* Ce ſeigneur, à la tête de l'armée catholique, enleva le 16. Aouſt 1587. Montelimart aux Huguenots; mais Dieu qui balance les deſtins, arrêta le cours des victoires & des proſpérités du comte de Suze, & les tranſporta aux ennemis de ſon égliſe. *Ce général*, ajoute le pere Daniel, *ayant reçu quelques pieces de canon, ſe préparoit à attaquer le château avec environ quatre mille hommes & quatre cens chevaux*, lorſqu'il fut vivement attaqué par les troupes calviniſtes le 19. Août de la même année; elles étoient commandées par *Louis le Blain, ſeigneur du Poët*, gentilhomme du Dauphiné, gouverneur de la ville & du château de Montelimart. Le comte de Suze, auſſi diſtingué par ſon propre mérite que par toute la gloire qu'il s'étoit acquiſe, après avoir épuiſé ſon ſang dans ce combat où la réligion étoit intéreſſée, fut dans le tranſport d'une valeur héroïque bleſſé mortellement d'une arquebuſade. Ce guerrier fameux, de qui la réligion & l'état avoient reçu de si heureux services, vit approcher la mort sans s'effrayer, & transporté dans son château de Suze, il mourut en héros chrétien. Tous les chefs catholiques, & plus de deux mille hommes furent pris ou tués dans cette sanglante journée.

François de la Baume, comte de Suze avoit épousé Françoise de Levis, fille de Gilbert de Levis comte de Ventadour, & de Suzane de Leyre de Cornillon, qui lui donna une nombreuse postérité, entr'autres Ferdinand de la Baume-Suze tué au siége d'Issoire en Auvergne en 1577. Rostain de la Baume-Suze son fis aîné, qui avoit combattu à côté de son pere à la fatale journée de Montelimart, fut fait prisonnier par les réligionnaires, qui ne le remirent en liberté que pour une rançon de dix mille écus. Il avoit épousé en premieres nôces, le 23. Octobre 1583. Magdelaine Desprez de Montpezat, fille de Melchior Desprez de Montpezat, & de très-haute & très-illustre princesse dame Henriette de Savoie, marquise de Villars, de Mirebel, comtesse de Tende, femme en seconde nôces du fameux Charles de Lorraine, duc de Mayenne.

Louis-François de la Baume, comte de Suze, seigneur de Mouchet & de Montagne, ancien colonel d'infanterie, on arriere-petit-fils, né en 1681. se distingua au siege de Landau, à la bataille de Spire en 1703. & en plusieurs autres occasions. Il épousa en 1709. Marie-

Alix de Rostaing, dame du Mouchet. Leurs Enfans sont,

Louis-Charles de la Baume, comte de Suze non encore marié en 1764.

N. de la Baume-Suze, abbesse de l'abbaye royale de Poissi.

Anne-Antoinette-Françoise-Hugone de la Baume-Suze, mariée à Paul-Aldonse-François-Antoine de Thezan-Venasque, vicomte de Nébausan, marquis de Saint-Gervais, baron de Rongas, Castanet & Saint-Amant, dont une fille unique Marie-Alix-Aldonsine-Antoinette-Silvie de Thezan-Venasque.

N. de la Baume-Suze, réligieuse au monastere du Verbe-Incarné d'Avignon.

Il paroît convenable de terminer l'éloge de la famille de Suze par les propres traits employés par le pere Louis de Pigray, dans l'oraison funebre de Messire Louis de la Baume, comte de Suze, marquis de Bressieux, seigneur de Serres, Lupé, Saint-Julien & autres places, l'un des quatre premiers barons du Dauphiné, colonel d'infantetie.

» L'illustre maison de Suze, dit cet » sacré orateur, va se perdre dans les sie» cles les plus reculés. Elle a été dès » le commencement du douzieme sie» cle fertile en hommes célebres, dont » les peuples publient la sagesse, & » dont l'église annonce la louange ; les » uns emportés de zele de la religion, » suivirent saint Louis & signalerent » leur valeur contre les Infidéles, dans » les lieux que Jesus-Christ avoit sacri» fié par ses démarches, les autres par

» un choix qui fut le prix de leur sa-
» gesse furent chargés des ambassades
» les plus importantes. Et comme le
» sentier du juste est une clarté nais-
» sante qui va toujours en croissant jus-
» qu'à un jour parfait , Dieu pour faire
» fleurir une famille qui avoit mis sa
» confiance en lui seul , voulut unir
» Louis de la Baume , qu'une intrépide
» valeur avoit distingué dans le métier
» des armes , à Antoinette de Salucés ;
» aliant ainsi toute sa postérité aux
» Empereurs de l'orient , aux souve-
» rains de Naples, de Castille , d'An-
» gleterre & de Portugal , aux princes
» d'Italie , & aux plus puissans de l'Es-
» pagne. Si je venois seulement par-
» courir les siecles , & me jetter dans
» le détail immense des noms antiques
» & des titres de gloire de ces hommes
» illustres , dans une cérémonie singu-
» liérement destinée à vous édifier , je
» vous dirois que de cette source si pure,
» dont la noblesse s'est soutenue jus-
» qu'ici sans mêlange , parut dans le
» quinzieme siecle , le héros qui sous
» les regnes de François II. Charles IX.
» & Henri III. fut le modele des héros
» chrétiens. François de la Baume, com-
» te de Suze à la tête d'Israël , comme
» un autre Josué pour le salut des élus
» de Dieu , devint l'apui de la réligion ,
» & le fleau redoutable de l'hérésie ;
» tantôt général des troupes de l'église
» dans le comté Venaissin , tantôt à
» la tête des troupes françoises dans les
» diverses provinces de la monarchie ;
» chargé

» chargé de lauriers dans les journées » de Valreas, de Cederon, de saint » Gilles, gouverneur de Provence, ho» noré de l'ordre du saint esprit ; il ver» sa au siege de Montelimart pour la » défense de la réligion catholique un » sang respectable, que toute autre » main que celle d'un perfide hérétique » qui le trahit, n'eût osé répandre. »

Le pere Pigray, religieux de l'ordre des grands carmes prononça cette oraison funebre dans la chapelle des pénitens blancs d'Avignon. Le comte Louis de Suze qui en fut l'objet, mourut à Avignon en l'année 1715. Ce seigneur avoit relevé l'éclat de sa naissance par beaucoup de vertus morales ; mais il n'auroit pas mérité d'être loué dans le lieu saint, si sa pénitence ne l'avoit rendu grand devant Dieu, & grand même devant les hommes. Dieu ne l'épargna pas ; il le frappa d'une maniere terrible dans cette vie mortelle pour le mener au bonheur de la vie éternelle par la route la plus sûre, la route de la croix ; les souffrances d'une maladie cruelle lui parurent des trop légers supplices de ses péchés selon ses propres expressions.

Observation sur Dominique Grimaldi.

Dominique Grimaldi, fils de Jean-Baptiste Grimaldi, seigneur de Montaldea, chevalier de la toison d'or, & de Magdeleine Palavicini, fut commissaire général des galeres, sous Pie V. à la bataille de Lépante en 1571. Il fut recteur du comté Vénaissin en 1577. évêque de Savonne en 1581. évêque de Cavaillon & général des armes en 1584. archevêque & vice-légat d'Avignon en 1585. abbé de saint Pierre de mont-Majour-les-Arles en 1591. Le caractere de son ame fut la vigueur & la fermeté: ce grand homme ne sépara jamais les intérêts de l'église & de l'état dans tous les postes brillans qu'il parcourut ; & s'il eut quelque défauts, ses vertus & ses actions justifierent sa conduite, & ses intentions furent toujours pures & droites. Dominique Grimaldi mourut à Avignon le 1. Août de l'année 1592. à l'âge de 51. ans ; il fut inhumé dans l'église métropolitaine de notre-dame des dons.

Observation sur Hubert de Vins.

Hubert, baron de Vins, chef des ligueurs en Provence & grand capitaine, servit sous le duc d'Anjou, frere du roi Charles IX. qui regna après la mort de son frere sous le nom de Henri III. Il se trouva avec lui à la bataille de Jarnac l'an 1569. & étant à la tête de cent maîtres, il commença la bataille en chargeant l'ennemi avec beaucoup de valeur. Le duc d'Anjou faisant le siege de la Rochelle, s'approcha de trop près de la place pour la reconnoître ; *Hubert de Vins* prit garde qu'un soldat, dessus les murailles de la ville, couchoit en joue sur la personne de ce prince ; *Vins* para le coup par ſon propre corps en ſe mettant devant le duc d'Anjou ; il reçut le coup de mouſquet dans les reins, dont il faillit mourir. *Vins* ſe flattoit d'être un des plus grands ſeigneurs de la cour ſous le regne d'Henri III. à qui il avoit ſauvé la vie au peril de la ſienne ; mais trompé dans ſon eſpérance, il s'engagea par dépit dans le parti de la ligue contre le roi. Il fut un des plus zélés ligueurs de Provence : il étoit aimé de la nobleſſe & adoré du peuple, qui le nommoit noſtre *ſeigne-gran* (notre grand-pere). Il fut tué d'un coup de mouſquet à la tête, le 20. Novembre 1589. devant la ville de Graſſe, qu'il aſſiégeoit. La ligue lui fit élever un mauſolée dans l'égliſe métropole de ſaint Sauveur à Aix, égal à celui de Charles d'Anjou, roi de Jeruſalem & de Sicile, dernier comte de Provence. Celui-ci eſt au côté droit de la grande porte de l'égliſe, & celui de *Vins* à gauche, conſiſtant en une ſtatue de marbre armée à genoux ; elle eſt ſur le tombeau relevée dans une arcade grillée, avec une belle épitaphe.

Hubert de Vins avoit épouſé le 18. Février 1572. Marguerite d'Agoult-Montauban, ſœur du fameux François-Louis d'Agoult, comte de Sault, qui continua ſa poſtérité. L'illuſtre famille de Vins eſt éteinte par la mort de Joſeph-Laurent marquis de Vins, lieutenant général des armées du roi.

Hubert de Vins, dont nous venons

de parler, étoit d'une droiture admirable ; mais engagé dans le criminel parti de la ligue, il se laissa emporter aux excès qu'entraîne toujours après soi l'esprit de révolte. On raconte de lui quelques traits singuliers qui le font bien connoître. Nous allons les rapporter.

Vins ayant été accusé d'avoir participé à l'assassinat d'un gentilhomme son allié, nommé Pontevez, l'affaire fut portée au parlement d'Aix, où l'on se disposoit à le condamner par contumace. Vins sollicita ses juges d'une façon assez extraordinaire ; au lieu d'employer des moyens pour manifester son innocence, il manda à ses juges, *que sur leur propre vie ils se gardassent bien de le condamner, parce qu'il y avoit en lui deux personnes, l'une très-riche, & l'autre aussi vindicative que déterminée, & que ne pouvant ignorer que deux mille écus ne lui donnassent deux mille Dauphinois, ils ne devoient point douter aussi qu'il ne fût assez puissant dans Aix, pour se faire livrer uue porte, & pour venir quelque matin donner le bon jour à messieurs.*

Henri I. duc de Guise, surnommé *le Balafré*, ayant remporté des funestes avantages en 1588. sur Henri III. & l'ayant même obligé de se refugier à Chartres, Guise créa à Paris des nouveaux échevins, colonels, capitaines, tous gens dévoués à la ligue, & la plupart tirés de la lie du peuple ; au lieu qu'auparavant ceux qui commandoient dans cette ville, étoient des personnages connus & distingués par leur mérite personnel. Mais ces nouveaux venus étant choisis dans les professions les plus viles, telles que de bouchers, poissonniers & autres semblables, & ne sachant comment s'y prendre pour remplir les charges qu'on leur donnoit, ils exerçoient leurs fonctions d'une maniere basse & ridicule, qui les rendit si méprisables, que la populace même se faisoit un plaisir de se moquer d'eux, & de leur donner des sobriquets conformes aux métiers dont ils faisoient profession; de sorte qu'ils les appelloient *capitaines de l'aloyau*, *capitaines de la morue*, *capitaines de l'hareng-soret*, *capitaines de l'artichaut*, & ainsi des autres.

Le roi ayant fait publier au mois de Juillet de la même année *l'édit de réunion* si honteux & si désavantageux à la majesté royale, le duc de Guise se rendit à Chartres pour saluer le roi. Ce prince l'embrassa d'un air riant & plein de bonté. Il s'entretint long-temps avec lui très familiérement, & se conduisit avec la même ouverture & la même gayeté pendant tout le temps de son séjour à Chartres. Il paroissoit avoir absolument oublié tout ce qui s'étoit passé, & lorsqu'il en parloit avec le duc, c'étoit toujours pour en plaisanter. On raconte à ce sujet que le duc de Guise étant un jour au dîner du roi, ce prince lui demanda à boire, & lorsqu'il l'eut servi, il lui dit : *duc de Guiſe , à qui boirons nous ? Sire* , répondit-il , *c'eſt à votre majeſté à ordonner. Bûvons à nos bons amis les huguenots* ', dit le roi. Le duc applaudit à cette ſanté ; mais le roi ayant ajouté auſſi-tôt ; *& à nos bons barricadeurs, ne les oublions pas.* L'étoile qui rapporte ce trait , ajoute que *le duc ſe prit à ſourire , mais d'un ris qui ne paſſoit pas le nœud de la gorge , mal content de l'union nouvelle que le roi vouloit faire des huguenots avec les barricadeurs.*

Le duc de Guiſe ſuivit le roi à Blois , lorſque ce prince partit pour y tenir les états généraux du royaume. Le duc de Guiſe écrivit une longue lettre en chiffre à Hubert de Vins , par laquelle il le prioit de faire députer aux états les plus zélés catholiques de Provence. Vins , qui étoit d'un caractere extrêmement vif , ne put en ſoutenir la lecture , ſans ſe livrer à toute ſon impatience. On rapporte qu'à chaque ligne que l'on déchiffroit , il s'emportoit avec fureur contre la foibleſſe qu'avoit ce prince , de ſe croire réconcilié avec le roi ; & lorſqu'on fut arrivé à un endroit de cette même lettre où le duc de Guiſe mandoit que le roi lui avoit donné des témoignages de la plus grande confiance & de l'affection la plus forte ; & que s'il y avoit de la diſſimulation, il faudroit que ce prince en eût plus que le caractere françois n'eſt capable d'en comporter , Vins s'écria en colere : *maugré-bleu du*

Lorrain, a-t-il bien si peu de jugement de croire qu'un roi, auquel il a voulu en dissimulant ôter la couronne, ne dissimule pas en son endroit pour lui ôter la vie.

Vins s'étant un peu calmé, fit réponse au duc sur les différens articles de sa lettre; il l'assura que par rapport aux députés, il auroit soin de pourvoir à tout de la maniere dont il pouvoit le desirer; mais à l'égard de sa prétendue réconciliation avec le roi, il lui déclara franchement qu'il ne voudroit être ni à sa place, ni auprès de lui, & que s'il ne se retiroit au plutôt, il s'en trouveroit mal. Ce fut aussi le sentiment de madame de saint-Cannat, sœur de Vins. Cette dame, qui avoit été présente à la lecture de la lettre du duc de Guise, s'écria sur le champ: *puisqu'ils sont si près l'un de l'autre, vous entendrez dire au premier jour, que l'un ou l'autre aura tué son compagnon.* L'événement justifia dans peu les prédictions d'Hubert de Vins & de sa sœur.

Observation sur la comtesse DE SAULT.

CHRESTIENNE D'AGUERRE, dame de Vienne-le-Châtel, étoit fille de Claude d'Aguerre, grand maître de la maison du duc de Lorraine & de Jeanne de Hangest-de-Genlis, dame de Moyencourt. Elle épousa le 19. Novembre 1572. Antoine de Blanchefort, fils de Gilbert de Blanchefort & de Marie de Crequi. Le cardinal Antoine de Crequi, ſon oncle, le fit ſon héritier, à condition de porter le nom & les armes de Crequi. Ce fut de ce mariage que ſortit Charles de Blanchefort de Crequi, maréchal de France.

Après la mort d'Antoine de Blanchefort, Chreſtiene d'Aguerre, qui étoit encore dans la fleur de ſa jeuneſſe & de ſa beauté, épouſa en 1578. François-Louis Montauban d'Agoult, comte de Sault, baron de Grimault, ſeigneur de Caromb, de Vaïſe, de Montlaur, de la Tour d'Aigues, gentilhomme ordinaire de la chambre du roi, capitaine de cinquante hommes d'armes, chevalier des ordres du roi dans la promotion du 31. Décembre 1585. Le comte de Sault étoit le plus grand ſeigneur de Provence ; il mourut à Siſteron le 18. de Novembre de l'année 15[illegible]6.

Sa veuve fut cette comteſſe de Sault, ſi fameuſe dans l'hiſtoire des troubles de Provence, où elle fut engagée par l'attachement que ſon pere avoit pour la maiſon de Lorraine. Elle étoit d'un eſprit & d'un courage au-deſſus de ſon ſexe ; elle joua un rôle brillant pendant la ligue ; elle fut l'héroïne de ce parti, & l'éloge d'Agrippine dans Tacite lui peut bien être appliqué ; *æqui impatiens, dominandi avida, virilibus curis, fœminarum vitia exuerat.*

La ligue commençoit à infecter les eſprits ; elle avoit été formée par des intrigues ſéditieuſes, & l'intérêt de la religion catholique en étoit le prétexte. La comteſſe de Sault, qui étoit avide du commandement, se laissa éblouir par l'apparence ; sa piété aida à la tromper, & favorisa sa révolte ; en un mot elle fut l'ame de ce parti ; elle attira le duc de Savoie Charles-Emmanuel en Provence ; il y entra à la tête d'une armée. Ce prince prit la poste & se rendit *incognito* à Aix chez la comtesse ; il y soupa, & eut ensuite une longue conférence avec elle. Peu de temps après le duc & la comtesse se brouillerent. Le duc de Savoie refusa plusieurs graces à la comtesse ; il n'en fallut pas davantage à cette femme ambitieuse, qui avoit jusqu'alors dominé en Provence, & y avoit établi le duc de Savoie, pour la déterminer à ruiner son ouvrage, à abandonner la ligue, & à embrasser le parti du roi. Elle eut à cet effet, par le moyen de ses agens, des intelligences secretes avec le maréchal de Montmoranci en Languedoc, avec Lesdiguieres en Dauphiné, & avec la Valette dans la Provence même. Elle traita sous main avec la Valette, non seulement pour se réunir au parti du roi, mais même pour son mariage avec ce seigneur, dont la femme Anne de Batarnai étoit morte à Sisteron au mois de Juin 1591. Le duc de Savoie parfaitement informé de toutes les intrigues de la comtesse de Sault, la fit arrêter à Aix le 15 Octobre de l'année 1591. Plusieurs du peuple, partisans du duc, crierent alors tout haut sous les fenêtres de la prison de la comtesse, *vive son altesse, & foro la comtesse*. Mais cette femme habile trouva le moyen de tromper ses gardes ; elle avoit feint depuis le jour de sa détention d'être malade ; elle avoit à cet effet gardé toujours le lit. Le duc de Savoie avoit donné ordre à son médecin de la voir tous les jours. Le 21. Octobre la comtesse se provoque à une grande sueur. Le médecin lui dit qu'il faut prendre un remede. La comtesse témoigne un rebut extrême pour toutes sortes de médicamens. Elle assure qu'à la réserve des lavemens, elle ne sauroit se résoudre à rien prendre. Comme les médecins veulent toujours se rendre agréables aux dames, il lui dit qu'il lui ordonnera un lavement ; sur le soir, *Bertier* son apoticaire le lui apporte. A son arrivée tout le monde sort de la chambre. Quand il fut sorti, la comtesse se leva. Elle fit mettre dans son lit, sa femme de chambre nommée mademoiselle *Herbin*. Elle prend un habit de Savoyard avec une fausse barbe. Mr. de Crequi son fils se travestit en païsan. En cet état ils montent au plus haut de la maison par un escalier dérobé. Ils se jettent dans la maison voisine, dont le maître avoit été gagné. De-là *Fabrot*, son valet de chambre, les conduit à la porte de saint Jean. Le capitaine *petit Jean* qui gardoit cette porte, reconnut la comtesse. Il étoit sur le point de l'arrêter, lorsque *Fabrot* lui mit adroitement une bourse dans la main. La nuit favorisa leur retraite ; ils marchent un quart de lieue à pied.

Enfin ils trouvent un autre guide qui les attendoit avec deux chevaux. La comteſſe & ſon fils montent à cheval. Ils vont à Marſeille par des chemins détournés, & ils y arrivent environ à minuit.

Lorſque le duc de Savoie apprit l'évaſion de la comteſſe, il en fut affligé & irrité. Il promit des grandes récompenſes à ceux qui la lui remettroient. Ce prince diſoit ſouvent à ſes courtiſans, & il l'écrivit même à la ducheſſe de Savoie ſa femme, en parlant de la comteſſe de Sault, *donna piu arrabiata non vidi giamai di queſta.*

La comteſſe de Sault mourut à Paris le 7. Avril 1611. Son corps fut tranſporté & inhumé dans l'égliſe de ſa terre de Sault.

Nous avons obſervé que Chreſtienne d'Aguerre fut mariée en 1572. avec Antoine de Blanchefort de Crequi, dont elle eut Charles de Blanchefort de Crequi, maréchal de France. Elle épouſa en ſecondes nôces en 1578. François-Louis de Montauban-d'Agoult, comte de Sault. De ce ſecond mariage ſortirent

I. Louis de Montauban-d'Agoult, comte de Sault. La tradition porte qu'il fut empoiſonné. Il fit ſon teſtament à la tour d'Aigues, & fit donation de ſes biens à ſa mere, laquelle inſtitua pour héritier univerſel Charles de Blanchefort de Crequi, ſon fils du premier mariage, dont les grands biens ſont tombés dans la maiſon de *Neufville-Villeroi.*

II. Philippe de Montauban - d'Agoult, qui épousa Marie-Raimonde de Montlaur, dont il n'eut point d'enfans.

III. Jeanne de Montauban - d'Agoult, qui fut mariée le 5. Juin 1602. avec Claude-François de la Baume, comte de Montrevel. Elle devoit naturellement hériter de l'immense succession de la maison de Sault, parce que ses freres étoient morts sans enfans. Elle n'eut toutesfois que la baronie de Caromb & les fiefs d'Hipolite & de Suzette dans le comté Vénaissin, Grimault & Savigni sur Orge.

On fit à la fin du mois de Février de l'année 1760. quelques réparations indispensables dans l'église paroissiale de Sault. On découvrit en les faisant le caveau des anciens seigneurs de Sault; on y descendit par quelques degrés. On trouva trois cercueils de plomb enchassés dans des cercueils de sapin, qui étoient parfaitement conservés.

Le cercueil qui étoit au fond dudit caveau n'avoit pas été soudé. Il contenoit les ossemens *de François-Louis de de Montauban dit d'Agoult, comte de Sault, de Vaëse & de Montlaur, capitaine de cinquante hommes d'armes, chevalier des ordres de saint Michel & du saint Esprit, qui mourut à Sisteron le 18. Novembre 1586. à douze heures de nuit.* Telle est l'inscription gravée sur une plaque de plomb, qu'on trouva au fond de ce cercueil, & qui marquoit avec tant d'exactitude les qualités, l'année, le jour, l'heure de la mort de ce seigneur,

gneur, qui fut le second mari de Chrestienne d'Aguerre, cette célebre comtesse de Sault.

Le cercueil de plomb placé à main gauche en entrant, contenoit le corps de Chrestienne d'Aguerre, comtesse de Sault. Il étoit parfaitement soudé. Lorsqu'on l'eut ouvert, on découvrit le corps de cette dame si fameuse dans l'histoire ; il est très-entier, plein de suc, le visage frais & vermeil, & avec cela souple & flexible ; il est moins semblable à un corps mort qu'à une personne vivante qui repose. Il a cinq pieds six pouces de longueur. Il est évident que c'étoit une très-grande & très-grosse femme ; elle conserve encore tout son embonpoint ; il paroît qu'elle étoit prodigieusement grosse. Elle a été ensevelie sans chemise ; il n'y a qu'une simple toile qui l'environne, & qui n'est nullement endommagée. Il y a au fond de ce cercueil une plaque de plomb, sur laquelle est simplement gravé que c'est *le corps de Chrestienne d'Aguerre, qui mourut à Paris le sept Avril mil six cent onze.*

Il y a dans ce même caveau en entrant à main droite un cercueil aussi de plomb, qui étoit très-bien soudé. On le découvrit, & on y trouva le corps entier de Louis de Montauban-d'Agoult, comte de Sault, fils de François-Louis & de Chrestienne d'Aguerre, dont nous venons de parler. Ce corps a cinq pieds sept pouces de longueur ; la peau est dessechée & durcie comme du bois ; tous les traits du visage sont bien conservés ; sa barbe est longue d'un demi-pied ; ses dents sont très-bien rangées ; sa langue est souple & flexible. Le suaire de toile qui l'environne est dans un état parfait.

Il y a dans ce même caveau un cœur de plomb, qui renferme celui de Philippe de Montauban-d'Agoult, second fils de François-Louis & de Chrestienne d'Aguerre.

L'incorruptibilité d'un corps n'est pas une marque certaine de sainteté, & sur laquelle on puisse compter Le corps du pape Boniface VIII. fut trouvé dans toute son intégrité trois cens deux ans après sa mort, sous le pontificat de Paul V. L'anti-pape Pierre de Lune, connu sous le nom de Benoit XIII. mourut dans le schisme le 29. Novembre 1424. après avoir été excommunié par le concile de Pise, & ensuite par celui de Constance, & ayant été inhumé sans cérémonie dans la forteresse de Paniscole, au royaume de Valence, son corps s'est conservé tout entier jusqu'à présent sans se corrompre. *Circonstance*, dit un auteur judicieux, *dont il vaut mieux ignorer les raisons, que d'y soupçonner du miracle. L'humilité & le détachement qui font les saints, ne furent jamais les vertus de Pierre de Lune.* Je pourrois rapporter plusieurs autres exemples ; mais je me borne à ceux-là.

On ne doit regarder l'incorruptibilité des corps morts comme une marque miraculeuse de sainteté, qu'à l'égard

ronie de Sault après la mort de ſon frere Raimond d'Agoult. Le roi Charles IX. érigea la baronie de Sault en comté en 1561. en faveur de François de Montauban d'Agoult. Son petit-fils Louis de Montauban d'Agoult ſe voyant ſans poſtérité en fit donation à ſa mere Chreſtienne d'Aguerre, laquelle inſtitua pour ſon héritier univerſel Charles de Blanchefort de Crequi ſon fils du premier mariage, dont les grands biens ſont tombés dans la maiſon de Neufville-Villeroy.

OBSERVATION

Sur CHARLES-EMMANUEL, duc de Savoie.

CHARLES-EMMANUEL, premier du nom, duc de Savoie, avoit beaucoup d'eſprit & de vivacité, & quoiqu'aſſez petit & même un peu boſſu, ſa perſonne étoit très-agréable, & il avoit une grace particuliere à tout ce qu'il faiſoit. Il étoit affable, libéral, habile dans les affaires, grand capitaine, mais infiniment ambitieux, ne penſant qu'à s'aggrandir, voulant aller de pair avec les rois, & ſe faire un royaume à quelque prix que ce fut. Jamais tranquille, jamais en paix, toujours prêt à ſe liguer avec ceux de ſes voiſins qui vouloient faire la guerre aux autres, dans la vue de profiter d'une partie de leurs dépouilles ; François ou Eſpagnol ſelon les occaſions ; ſacrifiant ſa parole, ſes promeſſes, la foi des traités les plus solemnels à l'envie d'étendre ses limites. Ce prince tantôt *François*, tantôt *Espagnol* a donné lieu à cette expression proverbiale, *tourner casaque.* Il avoit un juste-au-corps blanc d'un côté & rouge de l'autre, dont il pouvoit se servir également de l'un ou de l'autre côté. Le matin quand il se levoit, lorsqu'il étoit Espagnol, il disoit, *qu'on me donne mon juste-au-corps rouge.* Quand il étoit François, il disoit, *qu'on me donne mon juste-au-corps blanc.* Depuis ce temps-là quand un homme change de parti, on dit *qu'il tourne casaque.*

La comtesse de Sault & le parlement d'Aix étoient en l'année 1590. d'intelligence avec ce duc de Savoie ; ils envoyerent des députés à ce prince, pour le prier de venir en personne prendre le gouvernement & la protection de la Provence. Le duc de Savoie accéda à ces instances. Il fit prendre les devants au comte de *Martinengue* avec un corps de troupes. Le duc ayant séjourné à Nice quelque temps, il en partit pour se rendre à Aix. Voici l'entrée singuliere que ce prince fit à Fayence, bourg de quarante feux en Provence. *Jean Cirlot* notaire portant sur son habit un linceuil parsemé de lierre traînant jusqu'à terre, monté sur des échasses, rassembla trois cens enfans auxquels il fit mettre leurs chemises par-dessus leurs habits, lesquels étoient aussi parsemés de lierre, ayant tous des cannes à la main. Cette troupe se rendit en ordre à un demi quart de lieue du bourg, lorsque le duc de Savoie arriva à la tête d'un corps de son armée ; le capitaine Cirlot lui fit cette harangue.

Très-haut & très-magnanime prince, ayant entendu que votre grandeur & altesse s'en venoit en ce pays de Provence, pour détruire & annichiler la maudite & pernicieuse hérésie, & fauteurs d'icelle les bigarrats (les royalistes) *me suis pensé me tenir prets avec cette petite troupe puérile, laquelle est destinée totalement à votre service : si ce bien vous est divisible, & à ce que l'extérieur réponde à l'intérieur ; enfants chantez louange à son altesse.* Alors tous ces enfants crierent & chanterent tout haut en provençal : *vive la messe & son altesse, fouoro Bernard* (Bernard de la Valette) *jusques en Franço senso doutanco ti ves anar, car la couronno per ta personno n'en as gagnat.* Ces enfans continuerent toujours de chanter les mêmes paroles en accompagnant le duc de Savoie jusqu'au château de Torretes. Ce prince répondit à Cirlot : *monsieur mon ami j'ai bien besoin de telle troupe.* Cirlot mit ensuite sur la tête du duc une couronne de papier, présage sans doute de la durée & de l'issue que devoit avoir son entreprise sur la Provence ; mais le seigneur de Ligny fit tomber la couronne de papier à terre. *Cirlot* étoit toujours monté sur ses échasses à côté du duc de Savoie ; ce prince lui dit : *mon ami, tu es aussi grand que moi & mon cheval.*

Le duc de Savoie se rendit le dix-septieme de Novembre *incognito* à cinq heures du soir à Aix chez la comtesse de Sault ; il la trouva dans sa cuisine, & l'ayant surprise par derriere, & lui fermant les yeux avec les mains, il lui dit : *devinez qui je suis*. Après ce trait agréable, ce prince soupa avec la comtesse, & il alla coucher au palais archiépiscopal. Le lendemain il sortit de la ville assez matin dans un carosse fermé, pour y revenir quelques heures après, & y recevoir les honneurs de la belle entrée qu'on lui préparoit. Elle se fit avec une magnificence, dont un roi de France même auroit pu être content. Il accepta tous ces honneurs excepté celui du dais, disant que celui-là n'étoit dû qu'à Dieu & au roi. Il renvoya le clergé qui l'étoit venu recevoir avec la croix. Les consuls lui offrirent les clefs des portes de la ville dans un bassin d'argent ; le duc tira alors son mouchoir de la poche, comme pour les recevoir avec plus d'honneur. Ce mouchoir étoit rempli d'écus d'or; en l'ouvrant, les écus d'or se répandirent par terre. Le peuple se pressa pour les ramasser, & redoubla ses cris de *vive l'altesse, vive la messe*. Plusieurs s'avancerent pour baiser le bord de sa casaque ; les autres s'empresserent de lui baiser le genouil. Tous firent paroître une joie extrême. La casaque du duc de Savoie étoit de velours noir, semée de fleurs de lys d'orfevrerie. En cet état il fut conduit en l'église de St. Sauveur : l'archevêque le reçut en habits pontificaux à la tête de son clergé. Après que le *te Deum* fut chanté, le duc se retira dans le palais de l'archevêque qui lui avoit été préparé. La comtesse de Sault y arriva; elle fit son compliment au duc. Ce prince lui témoigna sa reconnoissance de tout ce qu'elle avoit fait pour lui, & lui protesta qu'il vouloit se conduire par ses avis. La comtesse l'assura qu'elle le servira de tout son pouvoir.

Le 23. Novembre le duc de Savoie se rendit en grand appareil au parlement. Quatre gentilshommes marcherent devant lui avec des bassins pleins de ducatons & les jetterent au peuple. La noblesse venoit immédiatement après lui; sa garde le suivit pour la parade. Il entra dans la grand'chambre, où toutes les chambres étoient assemblées. Il y fit un compliment fort obligeant. Après quoi la grand'chambre alla tenir audience. Elle se tint en robes rouges; le duc y assista. Il s'assit en la place de gouverneur, quoique le conseiller de Castelar qui présidoit le pressât fort de prendre le siege du roi. Quand il fut placé l'audience s'ouvrit. Le conseiller de Castelar prononça cet arrêt: *la cour a ordonné que son altesse aura tout pouvoir, autorité & commandement sur les armes, état & police de cette Province, pour icelle conserver en l'union de la religion catholique, apostolique & romaine, sous l'état & couronne de France.* Car depuis l'anarchie introduite par la ligue dans ce royaume, c'étoit une nécessité d'inventer quelque nouvelle formule, pour exprimer l'injuste autorité qu'elle donnoit à ses chefs. Ensuite on fit appeller une cause particuliere. La cause plaidée & finie, la cour rompit, & le duc de Savoie se retira dans le même ordre qu'il étoit venu. Aprés il créa des officiers d'armées qu'il tira de la noblesse du pays, se forma un conseil, fit des ordonnances de police, & puis se mit en campagne. Il prit *Salon* & quelques autres petites places. Tant que le duc de Savoie donna de l'argent à pleines mains aux Provençaux, il se maintint ; mais dès qu'il n'eut plus de quoi donner, & qu'il eût été plusieurs fois battu par la *Valette* & *Lesdiguieres*, ces mêmes Provençaux concoururent à le chasser, & toutes les villes rétentirent des crix de *vive la France & fouero Savoyard*, & l'autorité du roi fut rétablie dans cette province.

Le duc Charles-Emmanuel a passé sans contredit pour un des plus braves capitaines de son siecle. Son humeur entreprenante lui attira plusieurs fois dans ses états les armes des François & des Espagnols. Les François attaquoient, les Espagnols défendoient, & les états de Charles-Emmanuel étoient le théatre de la guerre entre ces deux puissances, dont il avoit également à se méfier.

Voici un trait de la valeur de ce duc de Savoie, rapporté par *Gracian* dans le héros. *Charles-Emmanuel fut digne du nom d'Achille que lui donnerent ses troupes. Ce prince accompagné seulement de quatre des siens, s'ouvrit un passage au milieu de cinq cens cuirassiers qui vouloient l'envelopper. Au sortir de ce triomphe, il se contenta de dire froidement à ses soldats allarmés de ce danger : en ces rencontres périlleuses, le courage est une bonne escorte.*

Le même *Baltasar Gracian* dans ses réflexions politiques dit : *si Charles-Emmanuel eut eu un empire proportionné à son grand génie, il eut surpassé César même.* Le marquisat de Saluces étoit depuis long-temps un sujet continuel de guerre entre la France & la Savoie. Le pape Clement VIII. voulant la terminer, & prévenir l'embrasement de l'Italie, ce pontife députa au roi de France Henri IV. le cardinal Aldobrandin son neveu en qualité de légat, pour tâcher de conclure la paix entre la France & la Savoie. Le cardinal légat arriva à Chamberi à la fin du mois de Novembre de l'année 1600. & il eut aussi-tôt audience du roi dans le couvent des capucins de Chamberi. Il lui proposa la paix, & ensuite une treve : à quoi le roi répondit que les conjonctures présentes ne lui permettoient pas d'y penser, son conseil n'étant pas auprès de lui ; qu'il n'auroit pas pensé à la guerre, si le duc de Savoie avoit observé le traité de Paris. Ce légat parlant à messieurs de Jeannin & de Silleri de la paix, menaça le roi du saint siege. Mr. de Silleri lui répondit : *le roi mon maître est en état de se passer de paix, cependant il ne s'éloignera jamais des ſaints conſeils du pape ; ſa majeſté ſait d'ailleurs comment il faut vivre avec ceux qui recherchent ſon amitié ; mais il ne ſaura pas moins faire repentir ceux qui entreprendront une guerre injuſte contre lui.* Taxis ambaſſadeur d'Eſpagne ayant oſé dire au roi que s'il ne mettoit fin à cette guerre le roi catholique ſon maître ſeroit contraint de prendre les armes pour défendre les états de ſon neveu le duc de Savoie, le roi lui repartit: *mon naturel n'eſt point lorſque je ſuis déſarmé de ſouffrir aucune bravade, & ſi on continue de me tenir ce langage, je me jetterai ſi avant dans les états du roi votre maître, qu'il ſera bien embarraſſé de les défendre, bien loin de ſe mêler des affaires d'autrui.*

Le cardinal Aldobrandin ſe rendit enſuite à Lyon, & le roi ſur ſes inſtances, conſentit qu'il ſe tint des conférences pour traiter de la paix. Mais la négociation fut rompue, parce que le légat rejetta avec hauteur toutes les propoſitions que les commiſſaires du roi lui firent. Le roi réſolut de continuer plus fortement la guerre, & il donna ordre à Maximilien de Bethune duc de Sulli, ſon principal miniſtre, de ſe rendre inceſſamment à Paris pour diſpoſer toutes les choſes néceſſaires à ce projet. Mais Mr. de Sulli, avant de partir, demanda permiſſion d'aller ſaluer le légat, & de lui permettre de renouer la paix comme de lui-même, ce que le roi lui permit. Sur cette parole

role Mr. de Sulli envoya ses chevaux de poste devant l'hôtel du légat, & s'y rendit lui-même pour lui dire adieu. Le légat le voyant tout botté, lui demanda où il alloit. *Monsieur*, lui dit Sulli, *je vais à Paris faire venir de l'argent & des munitions, pour passer les monts & aller en Italie : c'est à ce coup que j'irai en bonne compagnie baiser les pieds du pape : mais je n'ai pas voulu partir sans prendre congé de vous, & vous assurer de mon très-humble service, & vous prier de dire au pape que je suis son très-humble serviteur. Comment*, répondit le légat fort étonné, *en Italie! oh, monsieur, il ne faut pas porter la guerre dans ce pays, & je vous prie, aidez-moi à renouer cette paix; car il la faut faire à quelque prix que ce soit.* Ils furent bientôt d'accord. Le légat dit ensuite à Mr. de Sulli : *je vous prie, monsieur, de suspendre votre voyage; allez trouver le roi, & disposez-le à trouver bon ce que nous avons projetté.* Henri IV. le vit revenir avec plaisir. Sulli retourna un moment après vers le légat, avec un plein pouvoir de sa majesté, & dans l'instant l'un & l'autre conclurent la paix, qui languissoit depuis si long-temps.

Henri IV. avoit si peur qu'on ne le crut pas bon catholique, qu'il ne refusoit rien au pape. La plus grande peine qu'eut le légat dans sa négociation fut de fixer l'irrésolution du duc de Savoie. Le traité de paix entre ces deux princes fut signé à Lyon le sept Janvier de l'année 1601. Le duc de Savoie céda à la France les pays & seigneuries de Bresse, de Bugey & Valromey, sept villages qui lui appartenoient le long du Rhône avec le bailliage de Gez, lui restitua outre cela le Château-Dauphin, & consentit de plus à payer cent mille écus au roi de France, qui de son côté renonça pour lui & ses successeurs au marquisat de Saluces qu'il céda au duc de Savoie, avec les places de Cental, Demont & Rosparvieres.

Ce traité ne fut pas du goût de tout le monde. L'on prétend que le maréchal de Lesdiguieres ne put s'empêcher de dire que le roi avoit fait la paix en marchand, & que le duc de Savoie l'avoit fait en prince. Mr. de Rohan parlant de cet échange dans ses maximes des princes, dit : *le motif qui engagea Henri IV. à commettre cette faute contre son intérêt, fut le desir de goûter le repos, étant une chose certaine que l'homme se flatte ordinairement dans les choses qui s'accordent avec ses inclinations. Ce prince aimoit naturellement ses plaisirs ; la nécessité de ses affaires l'avoit jusqu'alors engagé dans des travaux indispensables ; de maniere que se voyant paisible dans son royaume, & croyant avoir satisfait à son honneur, il aima mieux prendre une compensation du marquisat de Saluces, quoiqu'elle fût inégale, que de s'embarquer dans une guerre de longue haleine*.

Il est vrai que la France sembloit perdre une partie de la considération que lui donnoit en Italie le marquisat de Saluces, qui bridoit Turin, & de plus mettoit cette ville en droit d'entrer dans toutes les affaires de ce pays-là, dont l'Espagne devenoit en quelque sorte la seule arbitre ; & c'est la raison qu'apporte un politique de profession, pour prouver que le traité fut absolument contraire à la bonne politique ; car outre que le roi de France gagnoit beaucoup de terrein, & que, selon la maxime de Philippe de Comines, *qui a le profit de la guerre en a l'honneur*, il donnoit une barriere au Lyonnois, qui auparavant étoit tout découvert, & s'approchoit des Suisses, dont le voisinage ne pouvoit que lui être fort utile. Aussi les meilleures têtes du conseil, au rapport *du cardinal Bentivoglio*, jugerent l'échange plus avantageux que la restitution. Il parut bien que le duc de Savoie en pensoit de même ; car toute l'autorité du légat du pape ne l'auroit pas obligé à ratifier le traité que ses députés avoient signé contre ses ordres, à la sollicitation d'Aldobrandin, qui s'étoit fait fort d'obtenir son agrément, sans les instances que lui en fit la cour de Madrid, qui appréhendoit de se trouver insensiblement engagée dans cette guerre. Pour ce qui est du crédit que la France perdit en Italie, en perdant l'unique entrée qu'elle y avoit, l'événement a fait voir depuis que les rois de France savent s'ouvrir plus d'une porte, quand ils jugent à propos d'y entrer.

Je me dispense d'entrer dans un plus grand détail sur les autres actions de Charles-Emmanuel, duc de Savoie, parce que cet objet est étranger à mon dessein.

Observation sur Mr. D'AMPUS.

Baltasar de Castelane, seigneur d'Ampus, servit en Provence le parti de la ligue avec distinction ; il prit Jouques d'assaut, & fit pendre le capitaine Orgon qui en étoit gouverneur. Il eut grand part à la victoire remportée par les huguenots du Languedoc proche Tarascon. Il acquit beaucoup de gloire à la victoire de Malemort. Il battit près de sainte Tulle les troupes des Cevennes, qui venoient au secours de la Valette. Le duc de Savoie Charles-Emmanuel le fit colonel de l'infanterie provençale. Il mourut à Tarascon le 11. Janvier 1590. d'une blessure qu'il avoit reçu la veille en voulant surprendre cette ville. La ligue perdit beaucoup par cette mort ; car ce gentilhomme étoit aussi distingué par sa valeur dans la guerre que par son esprit dans les négociations. Il étoit frere de Louis-Honoré de Castelane, qui se distingua aussi en Provence pendant la ligue sous le nom de seigneur *de Besaudon*.

Observation sur le comte de CARCES.

Gaspard de Pontevez, comte de Carces, grand partisan de la ligue en Provence, fit jurer dans Marseille l'union de la ligue. Le duc de Mayenne le fit commandant en Provence; il s'unit à Charles-Emmanuel, duc de Savoie. Il fit lever le siege de Beine à Mr. de la Valette. Il commandoit l'aîle droite de l'armée du duc de Savoie à la bataille de Vinon. Il fit pendre Perrin Cadela, qui avoit livré la tour du bouc à prix d'argent. Enfin après que Gaspard de Pontevez eut soutenu en Provence le parti de la ligue avec beaucoup de valeur, il fut le premier & le plus empressé à reconnoître Henri le grand pour son souverain, & il témoigna à ce prince une fidélité à toutes épreuves.

Observation sur l'évêque, espion de Mr. de la Valette.

Pierre Paparin de Chaumont étoit d'une des meilleures maisons de Forest. Il se distingua dans sa jeunesse dans les belles lettres & à l'armée. Il servit à la tête d'un régiment, & fit plusieurs campagnes sous le nom du sieur de *Chaumont*. Il se signala sur-tout en 1569. à la bataille de Montcontour. Il fut même envoyé à l'empereur pour lui en porter la nouvelle. Ce prince lui fit à cette occasion un accueil des plus favorables. *Paparin* quitta ensuite les armes & embrassa l'état ecclésiastique. Le roi lui donna en 1570. l'évêché de Gap sur la démission d'Etienne-Gabriel de Clermont, évêque de cette ville. Le pape Gregoire XII. l'en pourvut le 17 Septembre de l'an 1572. Il assista à l'assemblée du clergé à Paris en 1573. & au concile provincial d'Aix en 1585.

Pierre Louvet, dans son histoire des troubles de Provence, tome 4. fait mention des conférences secretes que cet évêque de Gap avoit eu avec la comtesse de Sault. *La Valette, dit-il, fit partir Pierre de Paparin, évêque de Gap, pour négocier avec la comtesse de Sault. Ce prélat avoit long-temps porté les armes, & étoit très-propre pour cette négociation. Mauroy* a eu la prudence de ne pas nommer cet évêque ; mais les raisons qu'il pouvoit avoir ne subsistent plus. En effet, la gloire que ce prélat s'acquit dans cette occasion, & la fidélité qu'il témoigna pour le roi en faisant ses efforts pour dissiper la ligue en Provence, & détacher la comtesse de Sault du parti du duc de Savoie exigent que l'histoire transmette ces faits à la postérité. Ce digne prélat, mourut le premier jour du mois d'Août de l'année 1600.

NOTES HISTORIQUES

Sur les mémoires manuſcrits de JEAN DE MORELLI & DE BERNARD.

Sur le cardinal D'ARMAGNAC.

GEORGE D'ARMAGNAC, fils de Pierre, batard de Charles d'Armagnac, comte de l'Iſle en Jourdain, vicomte de Gimois & baron de la Cauſſade, & d'Yolande de la Haye, dame de Paſſavant né en 1501. fut élevé dans ſa jeuneſſe auprès de Louis, cardinal d'Amboiſe, évêque d'Albi. Il fut nommé en 1529. à l'évêché de Rodez; il y joignit en 1536. l'adminiſtration de celui de Vabres, & enſuite celui de l'évéché de Leſcar. Il fut ambaſſadeur de France auprès de la république de Veniſe en 1541. & puis à Rome, où le pape Paul III. le créa cardinal le 19. Décembre 1544. De retour en France il fut nommé en 1552. lieutenant général pour le roi dans la province du languedoc. Il fut fait conſeiller d'état, & il aſſiſta en 1561. au fameux colloque de Poiſſi, où il fit éclater ſon zele pour la réligion catholique. Il fut nommé en 1562. à l'archevêché de Toulouſe, dont il fit la démiſſion en 1577. en faveur de Paul de Foix, pour ſe retirer à Avignon, dont il fut archevêque & collégat de CardinalCharles de Bourbon.

Le cardinal d'Armagnac mérite une place parmi les plus grands hommes de son siecle. Il fonda à Avignon un couvent pour les peres minimes. Il protégea particuliérement les gens de lettres ; Guillaume Philander lui dédia son commentaire sur Vitruve, & Guillaume le blanc, natif d'Albi, publia sous ses auspices la traduction de Ziphilin. Le célebre Mr. de Thou dit dans son histoire universelle que le cardinal d'Armagnac étoit d'une politesse, d'une douceur, & d'une libéralité admirable, & qu'avec ces qualités qui lui gagnerent le cœur de tous les peuples voisins, il sut beaucoup mieux que par les armes conserver au saint siege la ville d'Avignon & le comté Vénaissin, au milieu des guerres civiles qui désolerent la France. *Pour récompense d'un si grand service*, ajoute-t-il, *il eut la douleur de voir assassiner presque sous ses yeux un homme qu'il aimoit, Guillaume de Patris, qu'il avoit chargé de toutes les affaires de la légation ; & cela parce qu'on l'avoit accusé auprès du du pape de favoriser le parti du roi de Navarre & des protestans. Ce qui rendit cet affront plus sensible, c'est qu'ayant ensuite demandé justice de cet attentat à sa sainteté, elle fit réponse qu'on n'avoit rien fait que par son ordre, & qu'elle avoit eu des bonnes raisons pour le donner.*

Ce fait intéressant exige de notre part une plus juste étendue. Nous avons puisé les circonstances de cet événement tragique que nous allons rapporter dans les mémoires manuscrits de *Morelli*, dans l'histoire des guerres du comté Vénaissin par *Perussis*, dans l'histoire des troubles de Provence par *Pierre Louvet*, dans l'histoire d'Avignon par *Fantoni*, & dans plusieurs autres auteurs.

Guillaume de Patris, abbé de la Grace au diocese de Carcassonne, vicaire général, lieutenant & auditeur général du cardinal d'Armagnac, alla le 16. Mai 1580. à Bedarrides, bourg à deux lieues d'Avignon. Il tint sur les fonts du baptême la fille de Mr. Gaspard de Chateauneuf, seigneur d'Entraigues & cosseigneur de Velleron & d'Isabelle de saint Sixte. Le cavalier Marc-Antoine Oddi, natif de Perouse, reçut ordre de Pirro Malvezzi, géneral des armes à Avignon, d'aller à Bedarride exécuter à mort Guillaume de Patris. Le cavalier Oddi partit le 17. Mai à la tête de sa compagnie d'Avignon, & se rendit à Bedarrides. Il s'arrêta à la porte du bourg ; il envoya prier Mr. de Patris de s'y rendre, sous prétexte qu'il avoit des choses très importantes à lui communiquer ; l'abbé de Patris, accompagné de plusieurs de ses amis & de ses domestiques, s'y rendit sur le champ. Aussitôt que le cavalier Oddi l'apperçut, il descendit de cheval, accourut à lui, l'embrassa, le combla de mille politesses ; il le tira ensuite à l'écart, lui donna une lettre à lire, & dans le temps qu'il la lisoit, un chevau-léger italien lui donna un coup de poignard ; Oddi redoubla par sept autres, & l'étendit mort sur la place. Mr. Pierre de saint Sixte, gouverneur du château de Sorgues accourut pour défendre Mr. de Patris; on lui lâcha un coup de pistolet, dont il fut griévement blessé à l'épaule. Alors Mr. Guillaume Berardi, à la tête de quelques amis & des domestiques de Mr. de Patris, quoique très-inférieurs en nombre aux chevaux-légers, les attaquerent toutesfois avec vigueur; ils en tuerent six. Le cavalier Oddi monta alors à cheval & conduisit sa compagnie à Menerbe. On transporta Mr. de saint Sixte dans sa maison à Avignon; il y mourut des suites de sa blessure le 14. de Juin, & il fut inhumé dans l'église de sainte Marie Magdelaine. Ce brave gentilhomme étoit pere de madame Isabelle de saint Sixte, épouse de Mr. Gaspard de Chateauneuf. Berardi fut assez dangereusement blessé de trois coups d'épée, dont il fut fort long-temps malade; mais il en rechappa toutesfois. Le corps de Mr. de Patris fut inhumé dans l'église des célestins de Gentilli. Un domestique de Mr. de Patris, témoin de cette tragique aventure, fut si saisi de frayeur qu'il mourut uniquement de la peur qu'il avoit eu. *Le cardinal d'Armagnac*, ajoute Morelli, *fut très-irrité de l'assassinat de son auditeur; il ignoroit les motifs d'une action si inhumaine: d'ailleurs si Mr. de Patris étoit coupable il falloit lui faire son procès selon les formes de la justice. Les ennemis de Mr. de Patris publioient qu'il avoit voulu livrer la ville d'Avignon & le comté Vénaissin aux huguenots.*

Mais ce ſoupçon n'avoit aucune vraiſemblance. *Fantoni*, dans ſon hiſtoire d'Avignon, s'efforce de prouver que l'auditeur Patris étoit la cauſe de tous les troubles qui arrivoient à Avignon. Il rappelle à ce ſujet qu'un ſoldat italien étant au corps-de-garde à la porte du Rhône, fit une inſulte fort légere à une femme; ſon fils piqué de cette offenſe défia le ſoldat de ſe battre avec lui. Le peuple accourut en foule aux cris de ce jeune homme: ce ſoldat qui étoit corporal, craignant que le corps-de-garde ne fut forcé, voulut écarter le peuple; il ſe ſaiſit à cet effet d'une hallebarde, & frappa à droite & à gauche; le peuple s'irrite & le tumulte augmente. Le général Malvezzi y accourut; le peuple ſe plaignit de l'inſolence de ce corporal; le général le fit mettre en priſon. Mais Malvezzi ayant enſuite reconnu par les informations qu'il fit faire que ce corporal n'avoit eu aucune intention d'inſulter le peuple, & ne s'étoit ſervi de l'hallebarde que pour l'écarter, le fit ſortir de priſon. Une heure après la ſédition ſe renouvella à l'occaſion ſuivante.

Un berger conduiſant ſon troupeau fut inſulté par un autre ſoldat italien; le peuple devint alors ſi furieux qu'ayant rencontré le ſieur Baldizoppi de Perouſe avec deux de ſes camarades qui ſe retiroit au corps-de-garde, ils les attaquerent. Baldizoppi reçut dans cette rencontre plusieurs mortelles blessures dont il mourut. Ses deux compagnons se sauverent dans des maisons voisines. Le général ayant appris ce nouveau tumulte, se rendit sur la place. Il apperçut un corps d'environ trois cens soldats françois, qui le couchant en joue avec leurs arquebuses, crierent *tue*, *tue*. Il s'avança alors avec intrépidité vers cette troupe séditieuse; il dit à ces soldats qu'ils étoient tous sujets du pape, & qu'ils devoient être tous réunis pour le bien de son service. Il les adoucit, & étant rentrés dans leur devoir, il plaça plusieurs corps-de-garde dans différens quartiers pour maintenir la tranquillité dans la ville. Le lendemain le même général Malvezzi se rendit dans l'hôtel de ville; il fit un fort beau discours pour ranimer le zele des citoyens. Après ce discours tous les conseillers des différens ordres se leverent & protesterent qu'ils étoient tous disposés de répandre jusqu'à la derniere goutte de leur sang pour le souverain pontife. C'est ainsi que cette sédition fut dissipée par la prudence, la sagesse & l'adresse de Malvezzi. *Mais il est constant*, ajoute Fantoni, *que Guillaume de Patris étoit le moteur de tous ces troubles; il avoit même fait distribuer secretement des armes à tous les matelots du Rhône, avec ordre de profiter des occasions favorables qui se présenteroient pour se rendre maître de la porte du Rhône, & livrer la ville au roi de Navarre. Patris n'agissoit ainsi que pour se maintenir dans la la paisible possession de l'abbaye de la Grasse, qui lui rapportoit annuellement quatre mille écus.*

Morelli, auteur contemporain & par conséquent plus croyable sur ce fait que Fantoni, pense différemment. Il dit que cette sédition du peuple d'Avignon contre les soldats italiens & le général Malvezzi arriva le neuvieme de Mai 1580. que l'abbé de Patris, lieutenant général de la légation se porta sur le champ sur les lieux ; qu'il fit prendre deux habitans des plus séditieux & les fit pendre, qu'il calma le peuple dont il étoit fort aimé, & l'engagea de se retirer chacun chez soi. *De quoi il reçut*, ajoute-t-il, *du général Malvezzi une cruelle récompense, puisqu'il le fit assassiner le dix sept du même mois de Mai.*

Fantoni cherche à prouver par des frivoles circonstances ce qu'il avance, & à réaliser des soupçons qui paroissent faux. Mais la simple exposition du fait par Morelli, si recommandable par son impartiale sincérité, démontre que Fantoni auroit prudemment fait de ne pas concevoir ni produire des soupçons aussi injustes.

Henri de Valois, comte d'Angouleme, grand prieur de France, le baron de Vins, le comte de Carces, & les autres amis de Guillaume de Patris témoignerent un vif ressentiment de sa mort ; ils en murmurerent & en porterent de vives plaintes. Le peuple d'Avignon en fut aussi vivement touché, car il l'aimoit bien ſincérement. Il y auroit même eu infailliblement une ſédition dans Avignon ſi le général Malvezzi n'avoit eu la prudence d'engager pluſieurs gentilshommes des plus diſtingués & des plus accrédités de cette ville d'y maintenir le calme en ſe diſtribuant à cet effet dans différens quartiers.

Le cardinal d'Armagnac mourut à Avignon le 11. Juillet 1585. âgé de quatre-vingt quatre ans. Il fut généralement regretté. On lui fit des obſeques magnifiques, & il fut inhumé dans l'égliſe métropolitaine notre Dame des Dons. Ce grand cardinal qui avoit dépènſé ſon bien pour la défenſe de la ville d'Avignon & du comté Vénaiſſin pendant les guerres des huguenots, ſe trouva devoir à ſa mort quarante-huit mille ſix cens livres. On mit en vente ſa riche chapelle, ſa vaiſſelle d'argent, & tous ſes meubles pour payer ſes dettes.

Sur le connétable DE MONTMORANCI.

HENRI I. du nom, duc de Montmoranci, pair, amiral, maréchal & connétable de France, chevalier des ordres du roi, gouverneur & lieutenant général du Languedoc, capitaine de cent hommes d'armes des ordonnances de ſa majeſté, étoit ſecond fils du connétable Anne de Montmoranci, & de Magdelaine de Savoie-Tende. Il illuſtra le nom d'*Amville*, ſous lequel il fut connu pendant la vie de ſon pere & de ſon frere aîné.

Henri le grand avoit tenu sur les fonts baptismaux Henri de Montmoranci, ce fils infortuné du connétable qui eut la tête coupée à Toulouse en 1632. C'est pour ce sujet que ce prince appelloit ce seigneur son compere. Le connétable avoit l'ame grande & généreuse ; on admiroit en lui la probité, l'amour de la patrie & la galanterie des anciens chevaliers françois. Le sens le plus droit & le plus exquis suppléoient chez lui aux connoissances qu'on acquiert par l'étude. Il ne savoit ni lire ni écrire ; à peine pouvoit-il signer son nom. Henri IV. le plaisantoit souvent sur son ignorance ; mais il ne pouvoit s'empêcher d'admirer sa sagacité & son génie naturel. Il disoit souvent à ses courtisans : *ventre-saint-gris, mes amis, avec mon compere qui ne sait pas lire, & mon chancelier qui ne sait pas le latin, il n'y a rien que je ne sois en état d'entreprendre.*

Après la paix de Vervins, Henri IV. voulut obliger Montmoranci de congédier ses deux compagnies de gendarmes françois & étrangers, composée de deux cents gentilshommes chacune, & les plus belles qu'il y eut en France : *non, sire*, répondit le connétable ; *mes amis m'ont trop généreusement servi pour les abandonner tant que je vivrai.*

Le duc de Sulli, dans ses mémoires, ne parle qu'avec de grands éloges de la probité, du désintéressement & de la modération de ce seigneur. C'étoit peut-être le politique le plus fin, le plus adroit & le plus délié de ſon ſiecle. Perſonne n'a poſſédé comme lui l'art de ſe conduire dans les temps les plus difficiles & les plus orageux. Au reſte, les vertus du connétable furent mêlées de défauts ; il étoit léger, inconſtant, vindicatif, livré à la débauche des femmes : enfin, on lui reproche de s'être approprié, à l'exemple de tous les grands de ſon temps, les biens de l'égliſe. Il poſſédoit preſque tous les riches évêchés du Languedoc, dont il ne laiſſoit qu'une très-petite partie du revenu aux titulaires. Le connétable conſacra les deux dernieres années de ſa vie à la retraite & à la pénitence. Il mourut à Agde le 1. Avril 1614. âgé de ſoixante & dix-neuf ans. Il défendit par ſon teſtament qu'on lui érigeât un mauſolée. Il voulut être enterré en habit de capucin, & ſans aucune pompe, dans l'égliſe des capucins d'Agde, qu'il avoit fait bâtir.

Sur le ſeigneur DE PARABERE.

PIERRE DE BAUDEAN, ſeigneur de Parabere, avoit été page du connétable Anne de Montmoranci. Le maréchal de Damville lui donna le gouvernement de Beaucaire en 1574. Le duc d'Alençon lui en fit expédier la commiſſion à ſaint Julien de Sault le 5. Mai 1576. Parabere s'érigea en tyran, & commit toutes ſortes de brigandages dans ſa place & dans tout le voiſinage. A cette inſulte il en joignit une autre qui fut peut-être encore plus ſenſible à Damville. Il lui enleva une dame de Pezenas d'une rare beauté, qui étoit ſa maîtreſſe. Le maréchal, qui n'avoit pas aſſez de troupes pour réduire une ville telle que Beaucaire, eut recours aux voies de la douceur, pour engager Parabere à rentrer dans ſon devoir ; mais voyant que ſes efforts étoient inutiles, il donna des ordres ſecrets aux bourgeois de Beaucaire, dont il étoit adoré, de s'oppoſer aux courſes de Parabere. Les habitans excéderent les ordres de Damville : Parabere étant deſcendu du château dans la ville avec une ſoixantaine de gaſcons ou de provençaux, ils l'attaquerent le 7. Septembre 1578, & le forcerent de chercher un aſyle avec ſa maîtreſſe juſqu'aux pieds des autels, où ils les maſſacrerent impitoyablement. Après ſa mort ils lui couperent la tête, qu'ils expoſerent ſur la principale porte de la ville avec une couronne de paille.

Sur la conjuration du maréchal de Bellegarde contre la ville d'Avignon.

Il appert dans les livres des délibérations des conſeils de la ville d'Avignon, que le 13. Octobre 1578. on tint un conſeil dans lequel les conſuls expoſerent qu'il y avoit une conjuration contre la ville, & que certains traîtres avoient projettés de paſſer au fil de l'épée les grands & les petits ſans aucune diſtinction d'âge ni de ſexe.

Le conseil députa les consuls & assesseurs, qui étoient messieurs Pierre de P get, Jean-Michel Pertuis, Jean-Benuit Ferrier & Antoine Sifoine, pour se transporter promptement au palais apostolique, & assurer le cardinal d'Armagnac, collégat d'Avignon, que la ville étoit déterminée de fournir tous les secours nécessaires en troupes & en argent pour dissiper ce complot, & faire prompte justice. Le cardinal témoigna à ces magistrats la satisfaction qu'il avoit du zele & de la fidélité de la ville à persister dans sa soumission & son obéissance au saint siege & au souverain pontife.

Sur quelques évènemens de l'année 1588.

Le duc de Guise arriva à Paris le lundi 9. Mai 1588. sur le midi avec huit gentilshommes. On cria dans les rues de saint Denis & de saint Honoré, *vive le duc de Guise, vive le pilier de l'église.* Le roi Henri III. étoit dans son cabinet avec Alphonse Ornano, lorsqu'on lui annonça l'arrivée du duc de Guise, il dit à ce colonel corse : *voilà Mr. de Guise qui vient d'arriver contre ma défense ; si vous étiez en ma place que feriez-vous ?* Sire, répondit Alphonse, *il n'y a qu'un mot en cela : tenez-vous le duc de Guise pour ami ou pour ennemi ?* Là-dessus, le roi sans parler, fit un geste qui dénotoit sa pensée *Sire*, continua Alphonse, *il me semble que je vois à peu près le jugement qu'en fait votre ma-*

jesté ; cela étant, s'il vous plaît de m'honorer de cette charge, sans vous en donner autrement en peine, & j'apporterai aujourd'hui à vos pieds la tête du duc de Guise, ou je vous la rendrai au lieu où il vous plaira, sans qu'aucun bouge, sinon à sa ruine. Le roi répondit qu'il espéroit donner ordre à tout par une autre voie ; cependant le duc de Guise, au lieu de passer à son hôtel, descendit au palais de la reine-mere près de saint Eustache, au milieu des acclamations du peuple. Catherine de Médicis le reçut d'abord froidement. Mais ensuite elle voulut bien le conduire chez le roi. Elle se fit porter au louvre dans sa chaise ; le duc la suivoit à pied, à travers d'une foule de monde innombrable. On eut dit que toute la ville étoit assemblée en la basse-cour du louvre ou dans les rues voisines. La reine-mere & le duc passerent au milieu du régiment des gardes françoises. Le brave mestre de camp de ce corps, Louis de Berton de Crillon, voyant que le duc saluoit jusqu'au moindre soldat, témoigna par sa contenance qu'il en faisoit peu d'estime. Le duc s'apperçut de son mépris & en devint pâle ; mais il le fut encore plus quand il vit les cent suisses rangés en haie & sous les armes au bas du grand escalier, les archers dans la salle & les gentilshommes dans les chambres, tous assemblés pour l'attendre : lorsque le duc fut entré avec la reine dans l'appartement du roi, il se baissa pour lui faire une profonde révérence. Mais Henri le regardant avec un visage d'indignation, lui dit : *je vous avois fait avertir que vous ne vinssiez pas.* Le duc lui répondit qu'il venoit supplier sa majesté de vouloir bien prendre confiance en sa fidélité, sans se laisser aller aux passions ni aux mauvais rapports de ceux qui le haïssoient. L'heure du dîner abrégea cet entretien. Enfin quelques heures après le duc se rendit au jardin de la reine mere. Le roi y vint aussi. Mais le duc fortifia son courage à la vue de la timidité & de la peur qu'il crut appercevoir dans son souverain Bellievre se trouvant alors auprès de Henri III. ce prince lui demanda s'il ne l'avoit pas assuré que le duc de Guise ne viendroit point à Paris. Bellievre lui répondit que le duc le lui avoit promis. Le roi interrompit ce ministre, & s'adressant au duc, il lui dit qu'il ne savoit pas si quelqu'un l'avoit calomnié, mais que son innocence paroîtroit, s'il arrivoit qu'elle ne causât aucune nouveauté, & ne troublât, comme on prévoyoit, la tranquillité de l'état. Alors la reine-mere tira à part le roi, & lui raconta succinctement ce qu'elle avoit vu de l'affluence du peuple. Elle lui représenta qu'il n'étoit pas encore temps d'embrasser des résolutions précipitées. Dans ce moment, le duc de Guise fit semblant d'être fatigué du voyage ; & après avoir pris congé de sa majesté, il se retira en son hôtel de la rue saint Antoin

Il y fut suivi d'une foule infinie de peuple, sans qu'aucun seigneur de la cour l'accompagnât. Plusieurs blâmerent le roi de n'avoir su saisir cette occasion favorable pour se défaire d'un ennemi si puissant. D'autres appellerent prudence la conduite qu'Henri avoit tenue dans une occasion aussi critique.

Le 12. Mai on tendit des chaînes à travers les rues de Paris. On ferma les avenues avec de grosses pieces de bois & des tonneaux remplis de fumier & de terre; d'où vint le nom de cette journée, que l'on appella *la journée des barricades.* Les troupes du roi furent forcées par les factieux; le roi partit de Paris, se retira à Chartres, & le duc de Guise se trouva seul maître de la capitale. Le duc de Guise apprit le départ du roi, dans le temps que la reine-mere qui étoit retournée à son hôtel, l'entretenoit sur les moyens de pacifier les troubles. Il s'écria tout-à-coup: *ah! madame, me voilà mort; & tandis que votre majesté m'amuse ici, le roi s'en va pour me perdre* Le duc de Guise alla après le départ du roi rendre visite à Achille de Harlai, premier président; il le trouva se promenant dans son jardin. Ce magistrat ayant apperçu le duc de Guise qui venoit à lui, lui dit: *c'est grand pitié quand le valet chasse le maître: au reste mon ame est à Dieu, mon cœur est à mon roi, & mon corps est entre les mains des méchans, qu'on en fasse ce qu'on voudra.*

Les capucins de Paris firent une proceſſion juſqu'à Chartres. Ils portoient à la main divers inſtrumens de la paſſion. Celui qui portoit la croix étoit Henri de Joyeuſe, qui après la mort de ſa femme s'étoit fait capucin, & portoit le nom de frere *Ange*. Il étoit revêtu d'une aube, & portoit une couronne d'épines. Quatre ſatellites, ayant chacun une marmite en guiſe de caſque, & portant ſur leurs cilices une cotte de mailles & de gantelets, tenoient les cordes, dont étoit lié frere Ange, ſur lequel ils frappoient à grands coups de fouet avec un bruit terrible. Cette proceſſion étant arrivée à Chartres à trois heures après midi, elle alla à la cathédrale dans le temps que le roi y étoit à vêpres. Louis de Berton de Crillon, meſtre de camp du régiment des gardes, dont le frere Claude de Berton avoit épouſé à Avignon en 1561. la tante de Joyeuſe, étoit à la ſuite du roi pendant cette cérémonie. Il étoit connu à la cour ſur le pied d'un homme qui s'étoit acquis le droit de tout dire & de tout oſer. Lorſque la proceſſion entroit dans l'égliſe & défiloit ſous les yeux du roi, il cria tout haut aux bourreaux enfroqués, qui à grands coups de fouet frappoient ſur frere Ange : *fouettez, fouettez tout de de bon, c'eſt un lâche qui a quitté la cour & endoſſé le froc, pour ne pas porter les armes.*

La Valette qui commandoit pour le roi en Dauphiné, ayant appris que les ligueurs avoient pris le deſſus à la cour,

& que le duc de Mayenne devoit venir en Dauphiné avec une armée, & lui ôter à lui-même le commandement qu'il y avoit, prit la résolution de faire non-seulement la paix avec Lesdiguieres, mais encore une ligue offensive & défensive contre tous ceux qui entreroient en armes en Dauphiné. Le Buisson gentilhomme provençal & Gouvernet convinrent entr'eux des conditions à Montmort, le premier agissant au nom de la Valette, & l'autre pour Lesdiguieres. Le traité fut conclu le quatorzieme d'Août 1588. à Castel-Arnoux.

Le roi assembla les états à Blois au commencement d'Octobre de l'année 1588. Les demandes insolentes des députés aux états de Blois, & l'audace du duc de Guise parvenue à son comble, forcerent enfin le roi à se défaire de ce prince, qui étoit devenu trop puissant pour qu'on put lui donner des juges. Le duc de Guise s'acheminoit à grands pas vers la royauté ; mais, comme dit Montagne, *les prétendans à la couronne trouvent tous les échelons jusqu'au marche-pied du trône, & petits & aisés, mais le dernier ne se peut franchir pour la hauteur.*

Louis de Berton de Crillon, gentilhomme d'Avignon, quoiqu'il fut ennemi du duc de Guise, fit la réponse suivante au roi, qui vouloit le porter à tuer ce seigneur : *Sire, je suis bien serviteur de votre majesté ; ma fidélité, mes devoirs & mes services lui sont ac-*

quis. Mais je fais profeſſion de ſoldat & de cavalier : en cette qualité, s'il lui plaît que je faſſe un appel au duc de Guiſe, & que je me coupe la gorge avec lui, me voilà prêt à le faire : mais de dire qu'en cette mort je doive ſervir d'exécuteur de votre juſtice, c'eſt une choſe qui ne s'accommode pas bien à un homme de ma condition, & que je ne ferai jamais. Le roi ne parut point offenſé de cette liberté, & lui ayant recommandé le ſecret, que Crillon jura de lui garder, il s'adreſſa à Loignac, premier gentilhomme de ſa chambre & capitaine de quarante-cinq gentilhommes gaſcons, dont le duc d'Epernon avoit depuis quelque temps formé une nouvelle garde au roi.

Celui-ci ne fut pas ſi ſcrupuleux que Crillon ; il accepta cette commiſſion. Les meſures furent priſes pour le 23. de Décembre. Le roi fit dire au duc de Guiſe qu'il vouloit tenir conſeil le matin ce jour-là. Henri III. dès le grand matin fit venir dans ſon cabinet Ornano, Bonnivet, la Grange-Montigni, d'Entraigues & Loignac, avec neuf des plus réſolus des quarante-cinq. Le roi leur parla en peu de mots ſur le ſervice qu'il attendoit de leur courage & de leur fidélité : qu'il falloit que lui ou le duc de Guiſe périſſent. Ils l'aſſurerent tous de la diſpoſition où ils étoient de ſe ſacrifier pour ſa majeſté. Il ſe fit apporter autant de poignards, que Loignac avoit choiſi d'hommes dans ſa compagnie, & leur dit en les leur

mettant

mettant en main : *c'est une exécution de justice que je vous commande de faire sur l'homme le plus criminel de mon royaume, & que les loix divines & humaines me permetrent de punir ; & ne le pouvant faire par les voies ordinaires de la justice, je vous autorise à le faire par le droit que me donne ma puissance royale.*

Aussitôt que le duc fut entré dans le château, Crillon en fit fermer les portes. Ce prince s'étant approché du feu, sentit une espece de foiblesse. Quelques-uns prétendent qu'elle ne venoit que d'une débauche de la nuit précédente, qu'on dit qu'il avoit passé avec une maîtresse. Saint Prix, valet de chambre du roi, lui présenta des prunes de Brignoles dont il goûta, & un mouchoir pour s'essuyer l'œil, qui étoit souvent humide du côté de la blessure qu'il avoit reçue autrefois à la joue.

Sur les huit heures du matin, Revol secretaire d'état vint dire au duc de Guise que le roi le demandoit dans son cabinet. Il y alla, & entra dans la chambre par une courte gallerie qui la séparoit de l'antichambre. La porte ayant été aussi-tôt fermée, comme c'étoit la coutume, il tourna vers le cabinet de la gauche, où on lui avoit fait entendre que le roi étoit. Ayant levé la tapisserie, & s'étant un peu panché, parce que la porte étoit basse, il fut à l'instant atteint de six coups de poignards, qui ne lui laisserent que le temps de crier, *mon Dieu, ayez pitié de moi.*

Le roi étant averti de la mort du duc de Guise, sortit de son cabinet, & ayant fait jetter un tapis sur le corps, rentra pour attendre qu'on eut achevé d'exécuter les autres ordres qu'il avoit donnés.

Le cardinal de Guise & l'archevêque de Lyon furent en même temps arrêtés par ordre du roi, & enfermés dans une chambre dans le plus haut du château.

Le lendemain 24. Décembre le Guât capitaine aux gardes ayant pris avec lui un sergent & trois soldats, à qui l'on promit à chacun cent écus pour tuer le cardinal de Guise, se rendit sur les dix heures du matin au galetas, où le cardinal avoit passé la nuit avec l'archevêque de Lyon. Ils s'étoient confessés l'un l'autre, pour se disposer à la mort qu'ils attendoient.

Le cardinal, après avoir embrassé l'archevêque & demandé ses prieres, suivit le Guât, qui lui dit que le roi le demandoit, & à deux pas de-là lui ajouta qu'il se recommandât à Dieu. Il le conduisit jusqu'à une gallerie obscure, où les soldats le massacrerent à coups de hallebarde. Son corps & celui de son frere furent mis dans de la chaux vive, pour en être consumés. Les os en furent brûlés dans une salle-basse du château, & les cendres jettées au vent.

Le roi accorda la vie à l'archevêque de Lyon, à la priere du baron de Lux son neveu, qui vint se jetter aux pieds de sa majesté pour la demander.

Il étoit hors de doute que le duc

de Guiſe étoit criminel de leze-majeſté ; ainſi il méritoit la mort. Il ne s'agiſſoit donc que de la maniere de la lui faire ſouffrir. Le duc de Nevers juſtifie pleinement dans ſes mémoires le roi Henri III.

Sur la mort de HENRI III.

Le pape Sixte V. avoit publié un monitoire qui déclaroit le roi Henri III. excommunié, ſi dans ſoixante jours ce prince ne délivroit les prélats qu'il tenoit priſonniers, & ſi dans ce même temps il ne faiſoit pénitence de la mort du cardinal de Guiſe. Ce monitoire, qui fut affiché à Rome le 23. de Mai 1589. & quelques jours après, publié à Meaux, ville ſituée à dix lieues de Paris, donna d'abord de l'inquiétude au roi ; mais enfin Henri ſe raſſura par un diſcours de ſon beau-frere le roi de Navarre, qui lui dit : *il n'y a qu'un remede, c'eſt de vaincre. On vous abſoudra incontinent*, ajouta-t-il, *n'en doutez point ; mais ſi nous ſommes vaincus & battus nous reſterons excommuniés, voire aggravés & réaggravés plus que jamais.* Ce conſeil n'empêcha point que les ligueurs ne tiraſſent un grand ſecours du monitoire. Ils le publierent avec emphaſe, & le peuple reçut toutes les impreſſions qu'on voulut lui donner. *Ce ſont d'ordinaire les fripons*, dit un homme d'eſprit, *qui conduiſent les fanatiques, & qui mettent le poignard entre leurs mains.* Le fanatiſme monta à un tel excès, que Jacques Clement, jeune religieux dominicain, résolut d'aſſaſſiner le roi. Il exécuta ce parricide à ſaint Cloud le mardi premier jour d'Août de la même année 1589. Ce malheureux ayant obtenu audience du roi, tira en ce moment un couteau de ſa manche, & l'ayant enfoncé dans le ventre du roi l'y laiſſa. Ce prince jettant un grand cri, retira lui-même le couteau de ſa plaie, & en bleſſa au-deſſus de l'œil l'aſſaſſin, qui fut auſſitôt aſſommé & percé de pluſieurs coups par les gardes accourus au bruit, & jettés par les fenêtres.

Le roi ſe confeſſa à Etienne Boulogne ſon chapelain, qui pour plus grande ſûreté lui ayant demandé en quelle diſpoſition il étoit par rapport au monitoire, il lui répondit en ces termes : *je ſuis le premier fils de l'égliſe catholique, apoſtolique & romaine, & veux mourir tel. Je promets devant Dieu & devant vous que mon deſir n'a été & n'eſt encore que de contenter ſa ſainteté en tout ce qu'elle deſire de moi.* Sur quoi ce chapelain lui donna l'abſolution. Vers les deux heures après minuit la fievre & ſes douleurs ayant notablement augmenté, il ſe fit apporter le viatique & le reçut après s'être de nouveau confeſſé. Il pardonna à tous ſes ennemis, & en particulier à ceux qui lui avoient cauſé la mort. Il déclara le roi de Navarre ſon ſucceſſeur. Un peu avant d'expirer, il dit à ce prince : *aſſurez-vous, mon cher beau frere, que vous ne serez jamais roi de France, si vous ne vous faites catholique, & si vous ne vous humiliez à l'église.* Il récita ensuite tout bas le pseaume *miserere mei Deus*, qu'il ne pût achever. Il expira vers les quatre heures du matin, le second jour d'Août à l'âge de trente-huit ans, dix mois & treize jours, ayant régné quinze ans & deux mois. Il fut le dernier roi de la maison de Valois. Les troubles de son regne, l'un des plus agités de la monarchie françoise, furent une suite de la fermentation des esprits, qui avoit commencé dès le temps de François II. & qui avoit continué sous Charles IX.

Henri III. qui avoit de grandes qualités naturelles, n'eut point assez de force pour écarter les séducteurs dont les rois sont quelquefois environnés. Si au lieu de se livrer à la cupidité de ses favoris, il avoit suivi les sages conseils de ses ministres, son regne eût été heureux. Mais quel contraste, quand on voit d'un côté Maugiron, Quelus, Villequier, Joyeuse, d'Epernon, & de l'autre Chiverny, Bellievre, Pinart, Bruslart, Villeroy! Les premiers ne respiroient que les plaisirs, & les moins vicieux même, en condamnant le luxe & la mollesse, ne laissoient pas d'en profiter; enfin la cour gémissoit sous le poids de leur autorité; & ce qui porta le coup le plus fatal au roi, fut qu'ils l'engagerent à épuiser ses peuples. Henri, loin de commander à ces courtisans intéressés, souffroit lui-même qu'ils commandassent à ses ministres. Cependant le désordre fut porté à un tel point, que ce prince se vit contraint de sacrifier ses favoris, & eut ensuite la foiblesse de sacrifier lui-même ses anciens ministres, pour en prendre de nouveaux, qui à peine avoient les premiers principes du gouvernement. En un mot Henri (pour me servir de l'expression du journal de sa vie) *étoit un bon prince, s'il eût rencontré un meilleur siecle*, & s'il avoit porté sur le trône les mêmes qualités qui l'avoient rendu recommandable lorsqu'il étoit duc d'Anjou.

D'Aubigné rapporte qu'Anglure de Givri, homme également prudent & vertueux, distingué d'ailleurs par sa naissance, s'appercevant que plusieurs seigneurs se disposoient à quitter le nouveau roi Henri IV. parvint à les retenir, en disant publiquement au monarque : *je viens de voir la fleur de votre brave noblesse, qui réserve à pleurer leur roi mort quand ils l'auront vengé : ils attendent avec impatience les commandemens absolus du vivant. Vous êtes le roi des braves, & ne serez abandonné que des poltrons.*

Sur le combat de Sparron en 1591.

Mauroy est très-diffus sur les relations des combats & faits militaires, & sur-tout sur celui du combat de Sparron. Ce qui nous engage à rapporter la relation de ce combat, insérée dans l'histoire de France du R. P. Daniel de la compagnie de Jesus, & qui a été dressée sur les propres lettres de Mr. de la Valette au sieur Barate, en date du 21. Avril 1591.

» La Valette, faute de troupes, n'a-» voit pu empêcher le soulevement des » principales villes de Provence, & il » attendoit avec impatience Lesdiguie-» res, qui lui avoit promis de lui ame-» ner tout ce qu'il pourroit tirer des » soldats du Dauphiné. Ce seigneur ar-» riva enfin, & après avoir ravagé le » comté de Sault en punition de la » révolte & des intrigues de la com-» tesse, il se rendit au camp de Riez.

» Ces deux généraux n'y furent pas » long-temps oisifs. Ils attaquerent & » prirent la petite ville de Vinon. Ils » étoient sur le point d'aller de-là » mettre le siege devant Digne; mais » ayant eu avis que le sieur de Mesples » manquoit de vivres dans le fort de » Berre, que les ligués bloquoient, ils » tournerent de ce côté-là pour y me-» ner un convoi. Ils apprirent que le » comte de Martinengue, lieutenant » général du duc de Savoie, étoit sur » le chemin, & ils se hâterent de » marcher pour le surprendre.

» Martinengue avoit mille chevaux » & deux mille arquebusiers, partie » Espagnols, partie Savoyards, partie » Provençaux, qu'il avoit partagés dans » trois villages éloignés d'une demie » lieue l'un de l'autre. L'avant-garde

» étoit à Sparron, la bataille à Rians, » & l'arriere-garde à saint Martin : la » Valette & Lesdiguieres avoit un pa- » reil nombre d'arquebusiers & un peu » moins de cavalerie. Ils marcherent » droit à Sparron, & étant arrivés sur » une petite hauteur, ils virent les es- » cadrons ennemis rangés en bataille, » qui faisoient néanmoins paroître à » leur contenance qu'ils avoient été » surpris.

» Les royaux, sans marchander, des- » cendirent dans la plaine, & Lesdi- » guieres détacha le sieur de Poligni » avec un régiment d'infanterie, pour » engager le combat. Dès la premiere » salve de mousqueterie que fit ce ré- » giment, la cavalerie savoyarde quitta » la plaine, & se retira sur un côteau » au-dessus de Sparron, se conservant » une communication par derriere avec » ce village où étoit l'infanterie, qu'il » eût été dangereux d'attaquer. Aussi » ne le fit-on pas : mais Lesdiguieres » ayant envoyé seulement une petite » troupe vers le côteau, pour amuser » les ennemis en escarmouchant, fit » le tour du village, & vint fondre » sur un gros escadron du comte de » Bar, qui occupoit le terrain entre » le côteau & le village, le rompit à » la troisieme charge, & le poussa jus- » ques dans le corps de bataille, qui » venoit de Rians au secours de l'a- » vant-garde ; & ainsi toute l'infan- » terie qui étoit dans Sparron avec » trois cens chevaux demeura coupée.

» Lesdiguieres essuïa une terrible dé-
» charge de la bataille ; mais ayant
» soutenu ce premier feu, il donna tête
» baissée avec tant de furie sur ce corps,
» qu'il le mit en déroute. L'arriere-
» garde ennemie voyant l'avant-garde
» & la bataille si mal menées, ne
» tint pas & se débanda. Cependant la
» Valette, qui étoit demeuré à la tête
» du village de Sparron, cherchoit
» quelque endroit pour le forcer ; mais
» la nuit suivante, il se contenta de
» l'investir de toutes parts, pour em-
» pêcher que ceux qui étoient dedans
» ne s'échappassent à la faveur des té-
» nebres.

» Le lendemain deux cens soldats
» qui s'étoient jettés les uns dans une
» église, & les autres dans un mou-
» lin, se rendirent à discrétion. Les
» étrangers demeurerent prisonniers,
» ceux du pays furent pendus à des
» arbres.

» Ceux qui avoient été enveloppés
» dans le village au nombre de trois
» cens chevaux, & de mille fantassins,
» se rendirent la vie sauve quelques
» heures après. Il y eut en cette ex-
» pédition, du côté des Savoyards,
» cinq cens hommes de tués, en y
» comprenant ceux qui furent pendus,
» mille prisonniers, & parmi ceux-ci
» le marquis Vitelli, un des généraux
» du duc de Savoie, St. Romans, un
» des principaux chefs des ligueurs en
» Provence, sept ou huit capitaines,
» & plusieurs gentilshommes.

» Quatorze enseignes & trois cornettes furent prises. Les vainqueurs » ne perdirent qu'environ vingt soldats, & Brionnet, gentilhomme du » Dauphiné, fut le seul homme de » marque qui fut blessé. Cette action » se fit le quinzieme d'Avril 1591.

MÉMOIRES POUR LA VIE DE BERNARD DE NOGARET, SEIGNEUR DE LA VALETTE.

Amiral de France, chevalier des ordres du roi & gouverneur du marquisat de Saluces, du Dauphiné, de Lyon, & de Provence.

Par Mr. MAUROY, *seigneur de Verrieres & secretaire du roi.*

PREMIERE PARTIE.

Depuis l'année 1553. *jusques en* 15[illegible]5.

JE proteste en publiant ces mémoires que j'ai été témoin oculaire de la plus grande partie des faits qui y sont rapportés, & que j'ay une très-bonne connoissance des autres. Je déclaire d'ailleurs que je ne déguiserai ni ne corromprai la vérité en aucune chose.

Bernard de Nogaret de la Valette nacquit en 1553. Il estoit fils de Jean de Nogaret, seigneur de la Valette, mestre de camp de la cavalerie légere qu'il obtint en 1567. & lieutenant général au pays de Guyenne, & de Jeanne de St. Lary-Bellegarde, sœur de Roger de St. Lary-Bellegarde, maréchal de France.

La Valette fut à peine hors du berceau qu'il donna des signes évidens de sa vertu future; car on appercevoit en luy une constance asseurée & une fermeté de courage, qui ne s'étonnoit de rien; il ne s'émouvoit ni à rire ni à pleurer. Il estoit d'ailleurs plus enclin à escouter qu'à parler, & merveilleusement honteux quand il se trouvoit en faute, de quoy Mr. de la Valette son pere se rejoüissoit grandement, & disoit à ses amis que ce qui le contentoit le plus en ce monde étoit l'espérance qu'il avoit que son fils *Bernard* seroit un jour *bon serviteur du roi*; c'estoit le mot dont usoient les anciens chevaliers françois, pour dire un homme de bien & de vertu accomplie.

Son pere fut soigneux de le faire instruire à toutes choses honnestes & qu'on a coustume de faire apprendre aux enfans de noble maison, sur-tout aux lettres humaines, comme instrumens propres pour adoucir ses mœurs qui sembloient trop austeres & mornes. Ainsi il l'envoya à Paris avec son jeune frere Jean-

Jean-Louis de Nogaret, depuis duc d'Epernon, plus jeune que lui de deux ans. Ils furent mis sous de bons précepteurs par les soins desquels joingt à leurs bonnes inclinations ils profiterent grandement.

Ils entrerent ensuite en l'apprentissage des armes. Ils furent envoyés à Calais où commandoit pour lors Mr. Giraud de Mauleon sieur de Gourdon, ancien capitaine & bon serviteur du roi. Il avoit été compagnon d'armes de leur pere ; il les chérit & en eut tout le soin possible. Il les mit incontinent à l'arquebuse & à la sentinelle, comme les autres apprentifs & de moindre qualité, les avançant peu à peu, les louant & les corrigeant à propos, & eux se rendant prompts & obéissans à tout, ayant bien appris à obéir, apprirent par mesme moyen à bien commander, qui est aux grands la plus parfaite science & la plus nécessaire de toutes, & par-là ils se rendirent capables des charges honorables qu'ils ont depuis obtenues.

Mr. de la Valette mourut lorsqu'il se disposoit de mener à la cour ses deux fils pour les présenter au roi. Il leur laissa pour principal héritage l'honneur & la gloire qu'il avoit acquise par ses travaux ; car des biens de fortune il n'en laissa que ce qu'il avoit acquis de ses prédécesseurs.

Je ne parlerai désormais de Mr. d'Epernon qu'autant que la nécessité m'y conviera ; car il semble qu'il y a de la flatterie à écrire les actions d'un homme vivant. Ainsi je laisse ce soin à d'autres, qui ne manqueront pas de matiere & de bons mémoires pour en faire une fort belle histoire.

Le premier voyage que fit Mr. de la Valette pour faire service au roi, fut auprès de Mr. l'amiral André de Brancas-Villars, qui faisoit la guerre en Guienne contre les huguenots, marchant sous la cornette blanche; & pendant qu'il y fut, il surpassa en hardiesse & en travaux tous ceux qui estoient plus âgés que lui. Il fit preuve de son courage dans une querelle qu'il eut avec Mr. de Lussan, depuis gouverneur de Blaye. C'étoit un homme valereux; la Valette qui n'avoit pas encore dix-sept ans, s'offrit toutes-fois de le combattre en duel. Ils en vinrent mesme aux mains l'un avec l'autre; mais leurs amis survenus au commencement de ce combat les séparerent & les mirent d'accord.

Mr. de la Valette vint en l'année mil cinq cent soixante & dix-sept baiser les mains au roi Henri III. qui lui fit un fort bon accueil. Sa majesté discourut en la présence de plusieurs seigneurs de sa cour de la valeur de son pere, dont il avoit esté b n témoin aux guerres civiles, même aux batailles de Dreux, de Jarnac & de Moncontour, où il conduisoit la cavalerie légere qui y fit grand effort, & fut cause en partie du gain de ces batailles.

Mr. de la Valette ne savoit ni tire

ni se moquer d'autrui ; il ne souffroit aussi pas volontiers les railleries des autres, d'où procéda une querelle qu'il eut avec Mr. Anne de Joyeuse, qu'on appelloit alors Mr. d'Arques, à qui le vent de fortune donnoit en poupe. Nonobstant cela, ses railleries ayant allumé la colere de Mr. de la Valette, ils furent sur le point de se battre ; mais les gentilshommes qui estoient présens les en empescherent. Le roi en estant adverti, qui chérissoit merveilleusement Mr. d'Arques, commanda absolument & en colere à Mr. de la Valette de s'accorder avec lui, ce qu'il fit un peu à regret, & leur réconciliation ne fut parfaite que lorsqu'ils eurent contracté ensemble alliance. Car comme Mr. de la Valette estoit constant en amitié, aussi estoit-il de difficile réconciliation lorsqu'on l'avoit offensé. Il penchoit de son naturel à l'amour & à l'epargne ; mais dès qu'il eut l'esprit occupé aux affaires, & qu'il fut dans le commerce du monde, ces deux passions disparurent & céderent à leurs contraires, l'une fit place à la libéralité & l'autre à l'amour unique de la gloire. A l'égard de ses autres vertus, de sa valeur, de sa sagesse, de sa prudence, de sa prévoyance & sur-tout de sa pure & sincere affection au service du roi & de la France, le lecteur en jugera par ses actions, que nous rapporterons dans ces mémoires.

Sur la fin de l'année mil cinq cent soixante & dix-huit Mr. de la Valette quitta la cour & se retira en sa maison à cause d'un violent catarre qui lui causa la fievre quarte. Lorsque sa santé fut rétablie, il employa le temps à la lecture de bons livres, à la chasse, à dresser des chevaux & autres pareils exercices pour éviter l'oisiveté.

Le roi ordonna au commencement de l'année mit cinq cent quatre-vingt à Mr. de la Valette de se rendre auprès de lui. Sa majesté le combla de caresses & le pourveut de la charge de gouverneur & lieutenant général au marquisat de Saluces. Les lettres de provision lui furent expédiées au commencement du mois d'Avril de la même année.

Mais avant de passer outre il est convenable d'exposer briévement en quel estat estoient les affaires de ce gouvernement. Sebastien roi de Portugal fut battu à la fameuse bataille d'Alcacerquivir en l'annéee 1578. Suivant quelques historiens il y fut pris couvert de blessures. Tandis que quelques soldats se le disputent l'épée à la main, un officier leur dit, en l'achevant d'un coup de cimeterre : *quoi ! chiens, lorsque Dieu vous donne une telle victoire, vous vous égorgez pour un prisonnier.* Philippe II. roi des Espagnes, songea de joindre à ses couronnes celles de Portugal. Il suscita à cet effet les troubles au marquisat de Saluces, & il employa les moyens suivans.

Roger de Bellegarde, maréchal de France, oncle de Mr. la Valette, après avoir fait la guerre à ceux de Nismes en l'année 1577. fit plusieurs autres beaux exploits en Languedoc avec une armée de huit à neuf mille hommes, & par ce moyen il réduisit plusieurs places huguenotes sous l'obéissance du roi. Ce prince donna ensuite ordre au maréchal de Bellegarde d'engager Mr. le maréchal Henri de Montmorenci, depuis connestable, de remettre toutes les places qu'il possédoit en Languedoc & le gouvernement de cette province, & qu'on lui donneroit en souveraineté, pour lui & sa postérité le marquisat de Saluces, dont il feroit hommage à la couronne. Je ne sçais pourquoy cette négociation s'en alla en fumée, ny pourquoi les deux maréchaux, auparavant intimes amis, conçurent dès lors une très-forte inimitié l'un contre l'autre. Montmorenci obligea Bellegarde de quitter Beaucaire & de se retirer à Tarascon, où il demeura sans être employé. Ce maréchal étoit un grand capitaine, doué d'un bon jugement & de plusieurs bonnes qualités. Mais estant accablé de dettes qu'il avoit contractées à la guerre, il employa ses amis à la cour pour obtenir le gouvernement de Provence vacquant par l'indisposition du maréchal de Retz; mais il fut refusé tout à plat. Il demanda alors le payement de ses pensions, appointemens & autres sommes, qu'il avoit fournies & empruntées pour le service du roy. On luy répondit qu'il n'en devoit rien espérer, ny pour le présent ny pour l'advenir, parce que les financiers ne payoient que de subterfuges. Les Biragues, ennemis déclarés du maréchal de Bellegarde, & qui éstoient protégés par la reine-mere, estoient l'unique cause de tous ces mauvais traitemens. Ces injustices multipliées remplirent son cœur d'un désespoir inexprimable.

Le roy d'Espagne, qui fut informé du dépit du maréchal, voulut en tirer parti. Il engagea Emmanuel-Philibert duc de Savoie, par le moyen d'Antoine de Gusman comte d'Ayamont, gouverneur Milan, de traiter avec Bellegarde. Ce prince y consentit volontiers pour faire plaisir au roi d'Espagne & pour son intérêt particulier. Il estoit d'ailleurs fort lié avec le maréchal pour lequel il avoit beaucoup d'amitié. Il lui dépêcha à Tarascon Dominique la Volvere, son sujet, natif de Vigon en Piedmont. Celuy-cy avoit été maistre d'hostel du maréchal & tellement son confident qu'il lui avoit donné le commandement du chasteau de Carmagnole. La Volvere remit à Bellegarde les lettres de créance de son altesse : elles estoient remplies de protestations d'estime & d'amitié ; ce prince luy marquoit mesme expressémen. que quand tout le monde l'abandonneroit il seroit toujours son ami & qu'il le combleroit de biens. Il ajoutoit que la Volvere lui communiqueroit une affaire importante qui luy seroit en tous points très-avantageuse, & lui procureroit une grande fortuue à la honte de ses ennemis. Tel est le précis de ces lettres que j'ai vues & lues. Bellegarde renvoya la Volvere au duc de Savoie, avec sa réponse pleine d'actions de grace & d'offres d'employer à jamais sa vie pour son service. Il ajoutoit qu'il avoit chargé la Volvere de lui faire un fidele rapport de ses sentimens sur l'affaire qu'il lui avoit communiquée, & il supplioit son altesse de renvoyer la Volvere bien instruit avec des pleins pouvoirs pour conclure le traité. La Volvere de retour à Tarascon représenta au maréchal qu'estant maistre de Carmagnole & de Revel, où toute l'artillerie & les munitions de guerre étoient enfermées, il lui seroit facile de s'emparer de tout le marquisat de Saluces & d'en chasser le sieur Carle Biragues son ennemi, qui estoit d'ailleurs un homme de peu d'esprit & de jugement & très-différent de son frere Ludovic. Bellegarde fut perplex & irrésolu sur une pareille démarche, qui choquoit directement le service du roi. Cependant le désespoir, violent ennemi de la raison, le fit passer par-dessus toutes considérations; il signa le traité, il reçut douze mil écus pour lever de gens de guerre & il renvoya la Volvere au duc de Savoie, avec ordre d'assurer ce prince qu'il seroit bientôt à Carmagnole. Le roi fut parfaitement instruit de cette négociation; il négligea toutesfois cette affaire croyant d'estre toujours à temps d'en prévenir les suites funestes, & ne voulant pas d'ailleurs donner des nouvelles défiances aux huguenots

Le maréchal de Bellegarde passa les monts au mois de Janvier de l'année 1579. Il estoit à la teste de cinq compagnies de gens de pied conduits par le sieur Anselme, natif du comtat d'Avignon & sujet du Pape. Il laissa en passant la vallée de Sture une garnison à Demont & à Roquesparviere. Lorsqu'il fut arrivé dans la plaine de Piémont, il establit le sieur Anselme à Cental & lui enjoignit de mettre cette place en bon état de défense. Le maréchal se retira à Carmagnole, d'où il écrivit à ses amis de venir le joindre. Le régiment de Mr. de Brissac, qui estoit alors en Piedmont, se déclara pour lui ; le sieur de Gault luy amena un régiment de Provençaux. Il tira aussi quelques troupes du Dauphiné & des vallées d'Angrogne & de St. Martin, que les huguenots lui fournirent. Tout cela se passoit sous les yeux de Carles Biragues, qui en informa le roi. Ce prince reconnut alors la faute qu'il avoit faite de livrer au duc de Savoie Pignerol & Savillan ; car si la France estoit restée en possession de ces deux places, le duc de Savoie & le maréchal n'auroient pas pu faire cette entreprise. Le roi envoya par le trésorier de l'extraordinaire six mil écus au sieur Carles Biragues & Mr. de Lussan, avec ordre de retirer Carmagnole & le régiment de Brissac du service du maréchal : mais le sieur Carles Biragues ménagea mal cet argent, & le voyage de Mr. de Luſſan fut ſans effet; car tous les capitaines du régiment de Briſſac demeurerent à Carmagnole, excepté le ſeul capitaine la Baſtide. Le roi écrivit auſſi au duc de Savoie & à Bellegarde pour les détourner de ce projet, mais en vain.

Biragues fondoit toute ſon eſpérance ſur le duc de Savoie, qui l'aſſuroit qu'il ne permettroit jamais que Bellegarde traversât ſes états avec de l'artillerie. Il eſt certain que ſi ce prince, qui faiſoit le neutre & l'amiable compoſiteur, eut gardé ſa parole, le maréchal n'auroit pu prendre le chaſteau de Saluces.

Le maréchal ſe mit aux champs & partit de Carmagnole le 10. de Juin 1579 à la teſte de trois mil hommes de pied, ſavoir le régiment de Briſſac ſous les capitaines la Ralde, la Redorte, Momblanc, Jeroſme-Alexandrin de Verſel, Fourbes & Comiers; dix compagnies de Provençaux commandés par les ſieurs de Goult & Anſelme; quatre ou cinq cent hommes des vallées d'Angroigne & de ſaint Martin; quatre ou cinq cens chevaux que Mr. de Leſdiguieres lui avoit envoyé ſous les ordres de Mr. de Gouvernet & douze pieces d'artillerie.

Le duc de Savoie perſiſtant dans ſa diſſimulation envoya un héraut au maréchal de Bellegarde, pour lui déclarer que s'il paſſoit par ſes états avec de l'artillerie il l'en feroit repentir. Le maréchal fit répondre au héraut qu'il passeroit sur le ventre à tous ceux qui s'opposeroient à la marche de ses troupes.

Carle Birague, informé que le maréchal de Bellegarde avoit passé Raconis & qu'il estoit arrivé à Cavalermaggiore à trois lieues de Saluces, laissa Mr. de Lussan pour défendre le chasteau, & tout effrayé il abandonna cette ville & se retira à Lagnasc. Bellegarde trouva les rivieres du Vraite & de Maire débordées, & pour cette cause il eut beaucoup de difficultés pour faire passer son artillerie; il en vint toutesfois à bout avec le secours d'une troupe de paysans que Mr. de Scarnafix, gentilhomme du duc de Savoie lui procura. Il arriva devant Saluces le troisieme jour depuis son départ de Carmagnole. Il s'empara de la ville & somma Mr. de Lussan de lui rendre le chasteau : il répondit qu'il le conserveroit pour le roi autant qu'il pourroit. Il fut toutesfois contraint de le rendre le huitieme jour du siege. Il s'excusa sur ce qu'il manquoit de munitions de guerre, & que d'ailleurs la place n'étoit pas tenable.

Le maréchal pria Mr. de Lussan de faire ses excuses au roi sur son expédition, qu'il avoit été forcé de la faire pour se venger des Birágues ses ennemis; que d'ailleurs il étoit François & officier de la couronne, & qu'il garderoit beaucoup mieux ce gouvernement que n'avoit fait Birague. Lussan vit à son passage à Turin le duc de

Savoie ; il reçut de ſon alteſſe quelques excuſes pour ſa juſtification.

Le maréchal de Bellegarde s'empara des chaſteaux de Dronier & de Verſoly. En un mot il ſe rendit maiſtre de tout le marquiſat de Saluces. Il s'aſſura des paſſages de Piedmont en Provence par la vallée de Sture en occupant Demont & Roquesparviere, & de celui pour aller en Dauphiné en s'emparant de Chaſteau-Dauphin & du col de l'Aignello. Il paya enſuite les troupes piemontoiſes & celles de Mr. Gouvernet & les congédia.

La reine-mere Catherine de Médicis, après la conférence de Nerac paſſa à Toulouſe où Mr. de Montmorenci la vint trouver. Après avoir parcouru le Languedoc & la Provence pour calmer l'animoſité mutuelle des deux partis, elle s'achemina en Dauphiné pour en faire de meſme. Elle envoya Chebanes Marquis de Curton au maréchal de Bellegarde, pour le prier de ſe rendre à Grenoble pour conférer avec elle ; mais il s'excuſa & refuſa d'y aller.

La reine invita le duc de Savoie de venir la voir à Grenoble. Ce prince, qui eſtoit un des plus fins de ſon temps, s'y rendit. La reine le combla de careſſes. Son alteſſe fit ſon poſſible pour lui perſuader qu'il n'avoit aucune part dans les affaires du marquiſat de Saluces. La reine diſſimula & fit ſemblant de le croire. Elle luy témoigna meſme qu'elle n'avoit pas le moindre ſoupçon contre luy. La reine dit à ſon alteſſe qu'elle avoit fait ſon poſſible pour engager Bellegarde à venir conférer avec elle ; mais qu'il eſtoit plus défiant que les huguenots ; qu'elle le prioit de l'aſſiſter dans cette occaſion, & que le roi lui en auroit grande obligation. Le duc répondit froidement que le maréchal pouvoit avoir failli ; mais que n'eſtant pas ſon ſujet il ne lui devoit ny reſpect ny obéiſſance, qu'il tâcheroit toutesfois de l'engager à ſatisfaire ſa majeſté. La reine répliqua que le roi aimoit autant le maréchal pour gouverneur au marquiſat que Birague, pourvu que l'obéiſſance fut rendue. Le duc de Savoie enchanté de cette confidence engagea Bellegarde de ſe rendre à Mont Luel, ville de la Breſſe ſous l'obéiſſance du duc à trois lieues de Lyon. La reine fit un accueil très-gracieux à Bellegarde ; mais le cinquieme jour après ſon arrivée elle luy fit ſentir en préſence du duc de Savoie & de pluſieurs ſeigneurs de ſa cour le tort qu'il avoit fait au roi & le ſcandale qu'il avoit donné à toute l'Europe d'avoir à main armée & avec l'artillerie que le roi lui avoit donné en garde chaſſé le gouverneur qu'il avoit établi ; que cette conduite avoit ſcandaliſé tout le monde, & qu'elle en faiſoit juge ſon frere le duc de Savoie & luy-meſme. Le maréchal répondit avec reſpect qu'il reconnoiſſoit l'énormité de la faute qu'il avoit commiſe contre le roi, que la juſte colere qu'il avoit contre les Birague ſes mortels

tels ennemis & qui en vouloient à ſa vie l'avoit engagé à une démarche qu'il déſapprouvoit, & dont il ſe repentoit de tout ſon cœur, & que s'il eſtoit à recommencer il aimeroit mieux mourir d'une cruelle mort que de penſer à l'exécuter, qu'il en demandoit pardon au roi & à elle, la ſuppliant très-humblement de vouloir bien intercéder pour luy auprès du roi pour obtenir ſa grace, qu'à l'avenir il ſacrifieroit ſa vie pour leur ſervice, & qu'il eſpéroit de leur en rendre de ſi importans, qu'il ſe flattoit de recouvrer par ce moyen leurs bonnes graces. Les groſſes larmes tomboient des yeux du maréchal lorſqu'il faiſoit ſes excuſes.

La reine en fut touchée ; elle lui dit d'un air gracieux & gay : *je ſuis bien aiſe de cela, monſieur le maréchal, & en faiſant ainſi vous n'aurez jamais faute de bien, ni de moyens ; le roi mon fils ſe veut ſervir de vous plus que jamais.* Elle fit appeller ſur le champ Mr. Pinart ſecretaire d'eſtat, & lui ordonna d'expédier des lettres-patentes de gouverneur du marquiſat de Saluces pour le maréchal de Bellegarde, & lorſqu'elles furent expédiées, elle les prit des mains de Pinart, & les lui remit elle-meſme; le maréchal les reçut avec reſpect & reconnoiſſance.

Ils ſe retirerent ainſi tous trois très-ſatisfaits : la reine d'avoir bouché ce trou ; le duc de Savoie glorieux & parfaitement convaincu d'avoir levé tous ſoupçons ſur ſon compte de l'eſprit de cette princesse ; & Bellegarde enchanté d'avoir obtenu ce qu'il desiroit avec tant d'ardeur. Mais ce dernier ne jouit pas long-temps de cette faveur ; car il mourut au chasteau de Saluces le 20. Décembre de cette mesme année mil cinq cent soixante & dix-neuf.

Son fils César de Bellegarde âgé de vingt ans s'assura aussi-tôt de Carmagnole, y mit garnison ; mais il auroit prudemment fait de changer le capitaine du chasteau Dominique la Volvere, parce qu'il estoit sujet du duc de Savoie. Il envoya ensuite un courier au roi, pour lui faire part de la mort du maréchal son pere, & il supplioit sa majesté de lui accorder le gouvernement du marquisat de Saluces, d'ordonner de payer ce qui estoit du, ainsi que la reine l'avoit expressément promis à son pere à Mont-Luel, & de lui conserver l'évêché de Conserans & l'abbaye de Gimont. Le roi qui avoit été informé de la mort du maréchal avant l'arrivée de ce courier avoit donné son gouvernement à Mr. de la Valette. Le secretaire d'estat renvoya le courier à Mr. de Bellegarde, & lui écrivit que le roi lui ordonnoit de se rendre à la cour où il seroit favorablement traité ; que ses dettes seroient payées & ses bénéfices lui seroient conservés ; qu'au surplus Mr. d'Epernon qui arriveroit en même temps que son courier lui communiqueroit plus amplement les intentions de sa majesté.

Mr. d'Epernon estant arrivé à Saluces eut plusieurs conférences particulieres avec son cousin germain Mr. de Bellegarde ; après plusieurs difficultés & diverses contestations, qu'il seroit trop long de rapporter, César de Bellegarde consentit de remettre le gouvernement du marquisat de Saluces à Mr. de la Valette, suivant la volonté du roi, & de congédier les gens de guerre, sous condition qu'il conserveroit le gouvernement de Carmagnole & de Revel, qu'il avoit du vivant de feu son pere, que le roy luy confirmeroit la possession de ses bénéfices, & qu'il feroit payer les dettes de son pere. Après cet acte d'accord Mr. d'Epernon partit pour Turin, où il emprunta dix mille livres pour licencier les gens de guerre, il remit cette somme au trésorier de l'extraordinaire pour estre employée suivant les ordres de Mr. de Bellegarde.

Ce projet de conciliation déplut fort à Anselme : poussé d'ailleurs par les Espagnols & le duc de Savoie il représenta aux capitaines Spiard, Besseris, Loques, Boucicaut & autres, que l'accord fait par Mr. de Bellegarde procureroit sa perte & la leur, & qu'il falloit promptement prévenir ce malheur. S'estant assuré de leur secours, il profita de l'absence du duc d'Epernon qui étoit à Turin ; il se saisit des dix mil livres que ce seigneur avoit emprunté, & de tout l'argent qu'il trouva dans la caisse militaire. Il s'empara ensuite du château de Saluces, & il plaça des corps de gardes & des sentinelles dans tous les endroits qu'il jugea estre convenable. Bellegarde témoin de cette manœuvre demanda à Anselme le motif qui l'engageoit à agir ainsi. Ce capitaine lui répondit que c'étoit pour son avantage; que l'accord qu'il avoit fait entraîneroit sa ruine & celle de tous ces honnestes gens qui avoient servi fidélement son pere, qu'il estoit encore le maistre avec l'assistance de tous ces braves capitaines de retenir le gouvarnement du marquisat, & d'y avoir la mesme autorité & la même puissance que le feu maréchal. Bellegarde lui répondit qu'il n'avoit que faire de ses conseils & qu'il vouloit tenir les promesses qu'il avoit faites. Alors Anselme l'enferma en prison dans sa chambre & mit une sentinelle à sa porte, en disant que ce jeune homme ne sçavoit ce qui lui estoit bon & utile. Vingt jours après Anselme lui donna la liberté de se retirer où bon luy sembleroit. Bellegarde se retira à Turin, & de concert avec Mr. d'Epernon, il demanda au duc de Savoie, au nom du roi, de l'argent & des troupes pour réprimer l'audace d'Anselme & reprendre Saluces. Ce prince craignant que le roi ne fit passer dans ses états une armée pour cette expédition, lui presta vingt mille francs, & lui permit de lever dans son pays vingt mil fantassins; il nomma mesme le capitaine Ferrand Vitelly pour les commander. Anselme ne trouvant pas le chasteau de Saluces tenable, évacua toutes les munitions de guerre & de bouche & mesme les meubles & se retira à Cental. Trois jours avant que le chasteau fut investi, Mr. d'Epernon voulut engager Vitelly de marcher tout de suite à Cental pour réduire ces brouillons, ou du moins de lui donner ses troupes; mais Vitelly s'excusa & dit que sa commission estoit expirée.

Mr. d'Epernon se détermina alors de partir pour la cour; mais le duc de Savoie lui représenta que pour faciliter la cession du marquisat, il estoit convenable de faire un accord avec Anselme & les autres capitaines; il lui offrit même sa médiation. Mr. d'Epernon y consentit. Il promit à Anselme de lui conserver le gouvernement de Cental avec deux compagnies de gens de pied entretenues aux dépens du roy, & deux mil écus de gratification qu'il toucheroit à l'arrivée du nouveau gouverneur. Il promit aussi à Chartier, secretaire du feu maréchal de Bellegarde, douze cent écus; à Goult mil écus; & à saint Martin quinze cent écus, le tout en forme de gratification. Mr. d'Epernon partit & laissa les affaires du roy dans un plus mauvais estat qu'il ne croyoit; car Anselme, qui outre qu'il n'estoit point sujet du roi, estoit un homme sans foy, & estant sorti de pauvre lieu, n'estoit occupé qu'à s'enrichir. Il tenoit Cental dans la plaine de Piémont & Dronier, petite ville à l'entrée de la vallée de Maire, place très-importante. Anſelme eſtoit d'ailleurs abſolument dévoué au duc de Savoie. Mr. de Bellegarde occupoit Carmagnolle, Revel, Paiſane & Verſole. Il arriva dans ce temps-là un événement ſingulier auquel on auroit dû toutesfois s'attendre. Le ſieur de la Volvere, capitaine du chaſteau de Carmagnole, introduiſit ſécretement cent ſoldats piedmontois dans cette place, & qui déſarmerent & chaſſerent les ſoldats des capitaines de la Redorte & Momblanc, & il trahit ainſi méchamment le fils de celui de qui il avoit reçu tout ſon bien, & il mit le duc de Savoie ſon ſouverain en poſſeſſion de cette place. Tel étoit l'eſtat du marquiſat de Saluces lorſque Mr. de la Valette arriva à Turin ſur la fin du mois de May de l'année 1580.

Ce ſeigneur eut le lendemain audience du duc de Savoie, auquel il remit les lettres du roi. Il promit à ce prince qu'il ſeroit rembourſé au mois de Septembre prochain des ſommes qu'il avoit avancé pour le ſervice de ſa majeſté. Son alteſſe l'aſſura qu'il deſireroit que la pureté de ſes intentions pour les intéreſts du roi fut connue de ſa majeſté, comme elle l'eſtoit de Dieu meſme.

Le capitaine Anſelme ſe rendit à Turin & aſſura Mr. de la Valette de ſa ſoumiſſion & de ſon obéiſſance parfaite. Mr. de la Valette lui donna mil écus, qui eſtoit la moitié de la ſomme que Mr. d'Epernon lui avoit promis. Il lui remit ensuite une commission pour l'assurance du gouvernement de Cental, & une autre commission pour l'entretien de deux compagnies de gens de pied, une pour lui & l'autre pour son fils, de cinquante hommes chacune. Anselme jura & promit de congédier incessamment tous les gens de guerre qui l'environnoient, & de n'avoir désormais aucune correspondance avec les Espagnols & les huguenots de Dauphiné & de Provence.

Mr. de Bellegarde se rendit aussi à Turin ; Mr. de la Valette lui dit que Mr. d'Epernon avoit assuré le roi de sa fidélité ; qu'en conséquence sa majesté avoit ordonné de payer les dettes de feu maréchal son pere, & de le pourvoir des gouvernemens de Carmagnole & de Revel. Il lui remit en même temps une commission d'une compagnie de cinquante lances & d'un brevet de mestre de camp de la cavalerie légere dont le roi le gratifioit. Bellegarde parut satisfait, & il partit avec Mr. de la Valette pour aller faire son entrée à Saluces & prendre possession de son gouvernement. Mr. de la Valette y fut reçu avec de grandes magnificences & démonstrations de joie de la part des habitans.

Mr. de Bellegarde séduit par les conseils artificieux de Chartier son secretaire & le capitaine Anselme, refuserent de faire publier & registrer dans les places qu'ils occupoient les lettres patentes de gouverneur du marquisat pour Mr. de la Valette. Ce seigneur n'estoit maître que de Saluces, & il y avoit sept places fortes qui avoient garnison dans ce petit état & qui refusoient de reconnoistre son autorité. Il n'avoit pas d'ailleurs des troupes pour les réduire & s'en emparer; car il n'avoit avec luy que vingt soldats gascons, la plupart gentilhommes commandés par le capitaine Gymont, qui étoient venus en poste avec luy, & trente ou quarante soldats provençaux, ausquels il n'avoit pas grande confiance; ils estoient commandés par le capitaine de Gast, qui fut depuis gouverneur d'Amboise. En effet le sergent Bonnet de cette troupe de provençaux fut exécuté à mort à Saluces après avoir été convaincu d'avoir attenté à la vie de Mr. de la Valette & d'avoir à cet effet reçu une somme d'argent du capitaine Anselme. Les Provençaux gardoient la premiere porte du chasteau, & les gascons la seconde porte. Mr. de la Valette informa le roi par Mr. de Revol du mauvais état du marquisat de Saluces, & lui demanda un secours d'hommes & d'argent; mais on luy répondit qu'il estoit impossible de luy envoyer aucune espece de secours à cause de la guerre civile.

Le capitaine Anselme infidele à toutes ses promesses, continuoit ses intelligences avec les Espagnols, qui lui donnerent une pension de dix mille écus par mois & avec cet argent il délivroit des commiſſions & augmentoit ſes troupes. Il projettoit d'aller attaquer Mr. de la Valette à Saluces & luy enlever cette place ; ainſi qu'on l'apprit par les lettres qu'on intercepta, qu'il écrivoit à Mr. de Leſdiguieres, auquel il marquoit qu'il n'attendoit que le ſecours du Dauphiné qu'il lui avoit promis pour exécuter cette entrepriſe.

Mr. de la Valette fit pluſieurs tentatives pour s'emparer par ruſe de la ville de Dronier ; mais aucune ne réuſſit, parce que le capitaine Spiart qui y commandoit les rendit toutes inutiles par ſa valeur & par ſa vigilance.

Mr. de la Valette fut plus heureux dans la priſe de Chaſteau-Dauphin. Les payſans qui eſtoient dans cette place, fatigués de la tyrannie du ſieur Ancely qui en eſtoit gouverneur & qui eſtoit avare & cruel, ſe révolterent le douze Juillet de l'année 1580. Ils tuerent Anſely & tous les ſoldats étrangers qui étoient dans cette fortereſſe. Les payſans couperent enſuite la teſte du gouverneur & la porterent à Mr. de la Valette, en le priant d'envoyer un commandant dans cette place. Mr. de la Valette fut charmé de cette aventure, parce que la priſe de cette place fermoit le paſſage du Dauphiné à Anſelme & rompoit la communication avec Mr. de Leſdiguieres.

Dans le temps que toutes eſpeces de reſſource manquoient à Mr. de la Valette, la providence y pourvut ; le marquis d'Ayamonte gouverneur de Milan mourut, & Anselme ne reçut plus d'argent. Emmanuel - Philibert surnommé *tête de fer*, duc de Savoie, le suivit de près ; car il mourut le 30. Aoust 1580. Charles-Emmanuel son fils luy succéda.

Mr. de la Valette & Mr. de Bellegarde, par l'entremise de leurs amis, eurent une conférence ensemble entre les villes de Saluces & de Revel. Bellegarde donna un mémoire à Mr. de la Valette, dans lequel il exposoit les moyens que Mr. de la Volvere avoit employé pour se saisir du chasteau de Carmagnole, y introduire les soldats piedmontois & en chasser les françois, & qu'il avoit agi ainsi par le commandement du feu duc de Savoie. Il pria la Valette d'engager le roi de lui faire rendre cette place, & de faire payer ce qui estoit dû au feu maréchal son pere, suivant la promesse de Mr. d'Epernon. Mr. de la Valette luy fit aussi quelques plaintes de son costé ; mais après toutes ces plaintes réciproques, ils demeurerent d'accord, bons cousins & bons amis. Mr. de Bellegarde, pour monstrer la sinceretè de son cœur, *fit lire par Chartier au secretaire de Mr. de la Valette les mémoires du feu maréchal, parmi lesquels estoient les lettres que le feu duc de Savoie Emmanuel-Philibert lui écrivit lorsqu'il estoit en Provence, pour l'engager à venir s'emparer du marquisat de Saluces* ; & c'est de ces papiers importans que j'ay pris & tiré tout ce que j'ai ci-devant rapporté dans ce mémoires. Le résultat de cette conférence fut que Mr. de la Valette envoyeroit son secretaire & Mr. de Bellegarde un gentilhomme, pour faire au roi des représentations sur tous ces objets. En conséquence Mr. de la Valette écrivit au roi & à tous messieurs du conseil, & leur marquoit expressément que du seul chasteau de Carmagnolle dépendoit la conservation du marquisat de Saluces, & tout ce que le feu duc de Savoie avoit tramé contre son service. Le roi ayant lu les lettres de Mr. de la Valette, fut en grande colere; mais la reine sa mere l'appaisa : il fit partir sur le champ le commandeur de Birague pour Turin, avec ordre de recommander au nouveau duc de Savoie les affaires du marquisat, & de luy dire que sa majesté estoit bien aise que le chasteau de Carmagnolle fut en sa disposition. Le duc Charles-Emmanuel nia fort & ferme; se plaignit de ce qu'on accusoit son pere d'avoir usurpé les places de sa majesté, & que c'estoit la récompense de la peine qu'il avoit pris pour son service; que pour lui il estoit françois, qu'il vouloit vivre tel, & qu'il le démontreroit lorsque l'intérêt du roi le requerreroit. Mais l'homme ne peut dissimuler ses actions & déguiser ses paroles, que la vérité n'apparoisse à la fin, de quoi ce duc de Savoie peut servir d'exemple très-clair.

Le capitaine Anselme, à la teste de cinq à six cent fantassins & soixante chevaux tant françois qu'albanois alla attaquer Castigliole, gros bourg entre Buse & Versol. Il emporta facilement le bourg ; mais un vieux chasteau appartenant à Mr. Alexandre de Saluces, co-seigneur de ce lieu, fit resistance : Mr. de la Valette y avoit jetté soixante soldats avec des munitions de guerre & de bouche. Ce poste estoit important ; car si Anselme l'avoit pris il auroit pu facilement détourner le canal qui fait moudre les moulins de Saluces. Anselme n'ayant point d'artillerie fut contraint d'abandonner cette entreprise. Mr. de la Valette auroit fort desiré de le combattre ; il demanda à cet effet deux compagnies de chevaux-légers au duc de Savoie ; mais ce prince s'excusa, en disant qu'estant sur son départ pour Chamberi il vouloit laisser ses places pourvues de troupes ; que d'ailleurs il ne vouloit pas se mêler des affaires de deux si grands rois que celui de France & celui d'Espagne, qu'il vouloit demeurer neutre, ami & serviteur de tous les deux.

Anselme ayant quitté avec honte Castigliole, s'empara du bourg de Venasque, il y fortifia quelques anciennes murailles ; il s'empara ensuite des chasteaux de Cartignan ; le capitaine qui y commandoit rendit la place moyennant deux cens écus. Anselme enleva ensuite le bourg de saint Damien. Ce furent là tous ses exploits.

La compagnie d'hommes d'armes de Mr. de la Valette arriva de Gascogne ;

cogne ; elle estoit conduite par les Srs. de l'Isle & de Cignan, lieutenant & enseigne, quelques gentilshommes volontaires s'estoient joints à cette troupe qui formoit en tout quatre-vingt maistres, qui ne demandoient qu'à combattre. Mr. de la Valette profita de ce nouveau secours, car ayant appris que deux cens soldats d'Alexandrie de la Paille alloient joindre Anselme à Cental, il assembla son petit corps de troupes, il leur coupa chemin, & les tailla tous en pieces ; il alla ensuite attaquer Venasque, prit le Bourg & y mit garnison. Il fut dès lors maistre de la campagne ; sa compagnie d'hommes d'armes continua de faire la petite guerre en se tenant à cheval nuit & jour sur le chemin de Dronier à Cental, & par ce moyen il obligea Anselme de se tenir renfermé dans sa forteresse de Cental.

Le duc de Savoie informé que le maréchal de Rets (Albert de Gondy) estoit parti de Fontainebleau pour se rendre à Turin, & qu'il estoit mesme proche de Lyon, envoya le comte de Sanfray, pour le prier de l'attendre à Chambery, où il arriveroit incessamment pour y recevoir le serment de fidélité de ses sujets de Savoie. Son altesse projetta ce voyage pour avoir un prétexte de refuser la reddition du chasteau de Carmagnolle en différant de traiter de cet objet jusques à son retour à Turin. Mr. le maréchal de Rets qui reconnut cette ruse, répondit à ce prince, que les affaires dont il luy vouloit parler de la part du roy, ne se pouvoient traiter ailleurs qu'à Turin; & qu'il supplioit son altesse de l'attendre dans cette ville, faisant estat d'y arriver incessamment; qu'au surplus s'il venoit à Chambery, il estoit résolu de s'en retourner à la cour sans lui parler; ce qui engagea le duc de Savoie de l'attendre; il arriva au mois d'Octobre. Le maréchal de Rets somma de la part du roy le duc de Savoie de rendre le chasteau de Carmagnolle; il l'obtint enfin. Il prit en conséquence possession de la ville & du chasteau au nom de sa majesté. Le duc d'Alençon frere du roi ayant été appellé par les seigneurs confédérés des Pays bas, il prit leur protection & leur défense; il fut reçu avec ses forces par quelques villes; il secourut Cambray assiégée par le prince de Parme, lieutenant général du roi d'Espagne, & il y fit son entrée le 18 Août 1581. Ce prince dépêcha le sieur de la Fin en Piedmont pour engager Mr. de Bellegarde & le capitaine Anselme d'entrer à son service avec les troupes qu'ils avoient. Bellegarde accepta cette offre par légereté & inconstance sans aucun besoin; & Anselme par nécessité; car il ne tiroit plus d'argent; il avoit mesme mangé les bagues de sa femme; il avoit beaucoup de peine à faire subsister les gens de guerre qu'il avoit sous ses ordres; il se fondoit luy mesme tous les jours; ainsi il saisit avec empressement cette occaſion qui le tiroit de tous ces embarras. Le maréchal de Rets en fut auſſi charmé ; car cette aventure applaniſſoit toutes les difficultés de la négociation dont il eſtoit chargé. Ainſi Mr. le maréchal avec ſa prudence & ſa dextérité aux affaires, & à force de récompenſes & d'argent retira toutes les forteresſes que Mr. de Bellegarde & Anſelme occupoient ; il pacifia ainſi le marquiſat de Saluces, & établit Mr. de la Valette en paiſible poſſeſſion de ce gouvernement. Je pourrois parler plus amplement & avec certitude de toute cette négociation, parce que j'y ai été employé moi-même ; mais je m'en abſtiens, parce que mon intention eſt de décrire uniquement les actions de Mr. de la Valette.

Au commencement de l'année 1582, le roi rappella Mr. de la Valette à la cour. Ce ſeigneur rendit à ce prince un compte exact de tout ce qui s'étoit paſſé dans ſon gouvernement. Sa majeſté lui témoigna ſa ſatisfaction ; tous les courtiſans le comblerent de politeſſe & d'attentions.

Le roi voulut le marier avec Mademoiſelle Anne de Batarnay, fille de René de Batarnay, comte de Bouchage & d'Iſabelle de Savoie. Tende. Elle porta dix mil livres de rente en dot, & le roi en contemplation de ce mariage leur fit préſent en commun de cent mil écus. Cette alliance lui en procura avec les plus illuſtres maiſons du royaume, les Mayenne, les Montmoranci, les Joyeuses & plusieurs autres.

Quoyque Mr. de la Valette trouva toutes sortes d'avantages dans ce mariage, il eut toutesfois de la peine à s'y résoudre; en voici la raison. Pendant le séjour qu'il fit en Gascogne en l'année 1579. Il avoit projetté d'épouser une fille de qualité de cette province; c'estoit une fille unique, héritiere, & de grande maison; le pere & la mere y consentoient avec plaisir. Le bruit de son mariage s'estant répandu, le pere de cette demoiselle lui écrivit une lettre très-tendre & par laquelle il lui témoignoit l'empressement qu'il avoit de l'avoir pour son gendre. La demoiselle qui estoit fort aimable, lui écrivit en peu de mots une lettre très-touchante; elle lui marquoit qu'elle se flattoit que depuis leur derniere veüe il n'avoit pas changé de volonté, & que sa vie ou sa mort dépendoit de sa réponse. Ces deux lettres toucherent si sensiblement Mr. de la Valette, & lui serrerent si fort le cœur, qu'il fut contraint de se mettre au lit. Ses amis lui représenterent, qu'attendu qu'il n'avoit donné aucune parole d'honneur d'épouser cette demoiselle, il ne devoit pas hésiter d'obéir au roy en épousant mademoiselle de Batarnay, sans quoy il perdroit infailliblement sa fortune. Il écrivit des lettres très-obligeantes à cette demoiselle& à son pere. Il leur marquoit qu'il se marioit uniquement pour obéir au roy, & qu'il conserveroit une éternelle reconnoissance de leurs bontés & de l'amitié qu'ils luy témoignoient. Je n'ay parlé de ce fait que pour prouver le bon naturel de Mr. de la Valette, & parce que j'en ay eu une particuliere connoissance.

Le roi apprit au mois de Mars de l'année 1582. que le duc de Savoie avoit projetté de surprendre Geneve. Son armée commandée par Mr. de Raconis estoit de quatre mil hommes, cinq compagnies de Provence & de Dauphiné conduites par les capitaines Anselme & Spiard, & d'autres troupes de son pays. Son altesse regardoit cette entreprise comme infaillible, parce qu'elle avoit des intelligences dans cette ville & qu'il y avoit peu de vivres. Le roy envoya sur le champ Mr. de la Valette au duc de Savoie, pour luy représenter que dans le traité d'alliance avec les Cantons Suisses Geneve estoit comprise, & qu'elle estoit sous sa sauvegarde & sa protection spéciale ; qu'en conséquence il le prioit & l'exhortoit d'abandonner l'entreprise qu'il avoit formée contre cette ville, sans quoy il seroit obligé de faire passer une armée dans ses états ; que ce seroit à son grand regret, parce qu'il le chérissoit non-seulement comme son cousin germain, mais comme son propre frere. Mr. de la Valette exécuta cette délicate commission avec force & prudence. Il représenta au duc de Savoie qu'il attireroit sur ses propres états des malheurs infinis, s'il ne renonçoit pas à une entreprise aussi préjudiciable à sa réputation. Ce prince convaincu par la solidité des représentations que lui fit Mr. de la Valette, abandonna enfin, quoiqu'avec déplaisir, un projet pour l'exécution duquel il avoit fait des dépenses considérables.

Dieu sçait le despit que le duc de Savoie en eut, & la haine qu'il en conceut contre le roy & son estat, & surtout contre Mr. de la Valette. Ce Seigneur se rendit ensuite à la cour; il rendit compte au roy de sa négociation : ce prince lui fit un accueil des plus distingués. Mr. de la Valette fixa son séjour à la cour pendant le reste de l'année 1582. & les années suivantes 1583 & 1584. Le roy & ses ministres lui rendirent justice, & reconnurent en luy plusieurs qualités essentielles, la valeur, la constance, la fermeté, la prudence. Ils avouerent mesme que sa taciturnité estoit une véritable modestie. Le roy voulut qu'il l'accompagnât dans tous ses voyages & le consultoit sur ses principales affaires.

Mr. de la Valette jouant à la paume sur la fin de l'année 1584 avec le chevalier d'Aumale de la maison de Lorraine prirent querelle ensemble; cette affaire n'eut toutesfois aucune suite fascheuse; le roy les accorda. Pour moi je crois que c'est là l'origine de l'extrême hayne que ceux de cette maison ont toujours depuis porté à Mr. de la Valette.

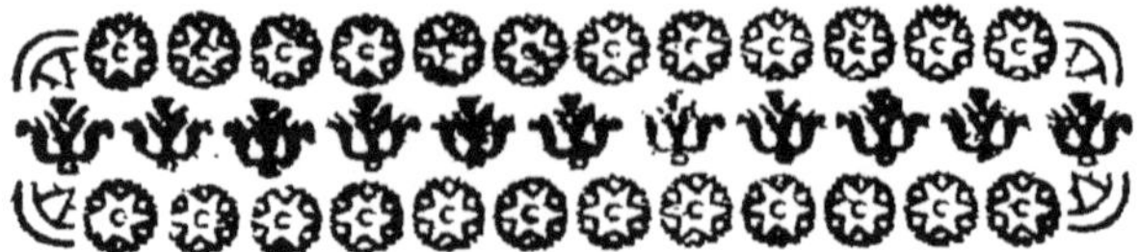

MÉMOIRES
POUR LA VIE DE
BERNARD DE NOGARET,
SEIGNEUR DE LA VALETTE.

Pendant les années 1585. 1586. & 1587.

SECONDE PARTIE.

La ligue prit les armes au mois de Mars de l'année 1585. Le roi Henri III. & toutes les personnes judicieuses furent étonnées, & crurent que la France estoit à son dernier période, & qu'il s'ensuivroit infailliblement la subversion entiere de ce royaume. Mon dessein n'est pas de m'étendre davantage sur cet objet, puisque Dieu a fait la grace au roi de faire rentrer tous ses sujets dans leur devoir, & d'employer sa valeur & la leur contre ceux qui nous ont causé tant de maux.

Quoique Charles cardinal de Bourbon, le duc de Lorraine, & généralement tous ceux de sa maison se fussent déclarés de ce parti, le roi Henri III. n'en accusoit que l'ambition du duc de Guise (Henri de Lorraine surnommé *le Balafré*). Voici le précis du discours que ce prince tint un jour à douze ou quinze de ses plus confidens serviteurs : *le duc de Guise ne m'a point trompé, car il y a long-temps que je connois l'excès de son ambition, qui lui a fait oublier absolument à mon égard tous ses devoirs; car sans mon support il n'auroit pu après la mort de son pere* (François de Lorraine duc de Guise) *résister à la querelle qu'il avoit contre messieurs de Montmoranci & de Chatillon. En un mot c'est l'homme du monde le plus ingrat. Le feu roi Charles mon frere m'avoit donné dans son royaume un pouvoir véritablement extraordinaire : j'en fis part à monsieur de Guise autant qu'il en desira. Lorsqu'en l'année 1569. l'admiral de Coligni maistre de la campagne entreprit le siege de Poitiers où il s'estoit renfermé, j'allai, contre l'exprès commandement du roy mon frere, & de la reine ma mere, assiéger Chastelleraud. Cette diversion réussit; l'admiral leva le siege de Poitiers, & vint promptement au secours de cette place. Il n'est arrivé en France aucun événement qui lui ait été plus préjudiciable que la funeste journée de la saint Barthelemy en l'année 1572. Je jure sur la damnation de mon ame que je n'y ai jamais consenti; j'ai voulu uniquement adoucir l'esprit du roy; mais Mr. de Guise l'a fait pour avoir moyen de venger la mort de son pere sur l'admiral.* Il seroit trop long de particulariser tout ce que le roy dit sur ce sujet. Il suffit de dire que le roy prononça ce discours avec tant de grace, de force & d'éloquence, qu'il ravit tous ceux qui l'entendirent. Ils convinrent tous que Mr. de Guise s'estoit grandement oublié envers sa majesté. C'est de-là, plus que d'autre chose, que procéda la haine mortelle du roy contre la ligue, qui l'accompagna jusqu'au tombeau.

Le roy prit le parti dans ce temps-là de lever en Suisse dix mil hommes; les cantons ne firent aucune difficulté de le luy permettre. Ainsi ces troupes furent promptement sur pied. Mais il estoit difficile de les faire parvenir à leur destination sans escorte, & le roy estoit sans force & sans armée, & ses ennemis occupoient la Bourgogne & la Champagne. Mr. de la Valette s'offrit volontairement au roy pour cette expédition : ayant pris congé de sa majesté, il partit de Paris sans domestiques & sans équipages; il avoit seulement avec luy douze gentilhommes en qui il avoit une parfaite confiance, & le sieur des Forges, maréchal des logis du roy. Il marcha dans cette route avec un si bon ordre & une contenance si fiere, que quoiqu'il rencontra plusieurs troupes d'ennemis infiniment supérieurs, aucune ne l'osa attaquer. Il arriva ainsi heureusement en Dauphiné; il y trouva sa compagnie d'hommes d'armes conduite par les Srs. de St. Jullien lieutenant, Maugiron enseigne, & la Marcousse guidon.

Charles de Lorraine, duc de Mayenne s'étoit acquis une grande réputation dans le Dauphiné dans la guerre qu'il y avoit faite pendant les années 1580. & 1581. Il avoit enlevé plusieurs places aux huguenots, dans lesquelles il avoit mis garnison. Mr. de la Valette ayant été informé qu'un régiment d'infanterie d'environ huit cents hommes conduit par le sieur de la Baume, dans l'intention d'aller joindre Mr. de Mayenne, estoit campé proche de Beaurepaire. Il partit avec sa petite troupe pour le reconnoistre Il trouva ce régiment en marche à l'heure de midi très-harassé de la fatigue & en rase campagne. Il l'attaqua si brusquement & avec tant de vivacité, qu'il en tua une grande partie & contraignit les autres de mettre bas les armes. Après leur avoir représenté leur devoir, il leur fit prester serment de fidélité, leur rendit leurs armes, & les engagea pour le service du roy.

Mr. de la Valette ayant réuni cette troupe à celles qu'il avoit, forma un corps de deux mil hommes d'infanterie & deux cent de cavalerie. Il se rendit aussi-tôt sur la frontiere pour recevoir les Suisses. Il se mit à leur teste & les conduisit avec son escorte jusqu'à Rouannes, où il les remit à Mr. le maréchal d'Aumont, qui estoit venu à leur rencontre avec une partie de la gendarmerie, & qui les mena au roy qui s'estoit avancé jusqu'à Nemours. Ce prince témoigna toute sa sensibilité à M. de la Valette, & ne cessoit de publier qu'il luy avoit rendu dans cette occasion un service très-important.

Les affaires du roy reprirent alors une face nouvelle : puissamment secouru par tous ses fideles sujets, certain de toutes les forces du roy de Navarre qui les luy avoit envoyé offrir par le baron de Salignac, la ligue alloit s'anéantir insensiblement. Henri III. irrité estoit déterminé d'en punir les attentats. Il disoit qu'il estoit temps de punir l'audace & l'ingratitude d'un cadet de Lorraine, qui luy estant redevable de toute sa fortune, avoit tourné ces moyens contre son propre maistre, & son bienfacteur. Mais ce prince séduit par les conseils de sa mere & de ceux de son parti, au lieu de combattre le duc de Guise, dont il estoit sûr de triompher, signa le 18 Juillet 1585 le honteux traité de Nemours, qu'on nomma l'*édit de la réunion des catholiques*.

Les huguenots voulant prévenir l'orage qui estoit prest de fondre sur eux, ranimerent leurs forces ; ils firent des merveilleux progrès, le prince de Condé en Poitou & en Saintonge, le roi de Navarre en Guyenne, Mr. de Chatillon en Languedoc, & Mr. de Lesdiguieres en Dauphiné ; ce dernier s'empara même d'Embrun & de Montelimar, deux des meilleures villes de cette province.

Le roy, pour s'opposer à ces progrès, fit

fit partir Mr. de la Valette pour le Dauphiné avec une petite armée composée de deux mil hommes d'infanterie, six compagnies de Suisses sous le colonel Gaspard Gallaty, de Glaris, si célebre par les services qu'il rendit à la France, & cinq cent chevaux.

Mr. de la Valette convoqua à Grenoble au commencement de l'année 1586. les états du Dauphiné, le Parlement, & Mr. de Maugiron, lieutenant général de cette province, pour adviser aux moyens de maintenir l'autorité du roy & de soulager le peuple. Le résultat de cette célebre assemblée fut de diminuer les impots. Ils estoient de cinquante mille escus par mois, & ils furent réduits à dix mil escus par mois. Ce qui attira à Mr. de la Valette l'affection & l'estime générale.

Mr. de la Valette voyant le temps beau & favorable au mois de Février de la même année 1586. se mit en campagne, & alla assiéger Eurre que les ennemis avoient fortifié. Mr. de Lesdiguieres à son approche fit le dégat autour de cette place. Pendant qu'il l'assiégeoit, il survint au mois de Mars un froid si vif & des vents si violens, qu'il n'y avoit personne qui en put supporter la rigueur : d'ailleurs l'armée souffroit considérablement par la disette des vivres. Mais la patience & l'exemple du chef maintint l'ordre & ranima le courage ; car il n'y eut pas un seul déserteur pendant cette expédition. Mr. de Lesdiguieres à la tête d'un gros corps de troupes, tenta le 15. Mars de faire lever le siege. Mais la contenance fiere de Mr. de la Valette lui en imposa ; il n'osa l'attaquer, & il se retira dans les montagnes voisines. La place capitula peu de temps après Mr. de la Valette mit sa petite armée en quartier de rafraichissemens ; & lorsqu'elle fut un peu rétablie il passa le Rhône dans le mois d'Avril avec six pieces de canon & pénétra dans le Vivarais à la sollicitation des habitans, qui promirent de se joindre à lui. Il attaqua Toulant, petite place dans une situation très-forte vis-à-vis Valence. Il y avoit cent hommes de garnison qui se défendirent avec valeur ; mais le canon y ayant fait une bresche suffisante, Mr. de la Valette ordonna un assaut général pour le lendemain au point du jour. Les assiégés firent donner par un de leurs partis une allarme au camp pendant la nuit, & ils en profiterent pour s'échapper & abandonner la place ; ils n'eurent que quinze hommes de tués en voulant forcer le corps-de-garde qui se trouva sur leur passage. Mr. de la Valette avoit projetté d'attaquer le Pouzin & Bay-sur-Bay, parce que ces deux places incommodoient fort le commerce du Rhône ; mais son armée n'estant pas assez considérable & les habitans du Vivarais ayant d'ailleurs manqué à leurs paroles, il ne voulut rien hazarder & se retira prudemment en Dauphiné.

La France fut affligée pendant l'année 1586. des trois fleaux de la justice de Dieu, la peste, la famine & la guerre civile. Le Dauphiné en fut sur-tout désolé; les chefs des troupes huguenotes avoient enlevés tous les grains & en avoient formé des magasins dans des montagnes inaccessibles; le peuple estoit consumé par la faim ou emporté par la maladie. Les deux tiers des habitans des villes de Grenoble, de Vienne, Romans & Valence perirent.

Pendant l'esté & l'automne de cette année Mr. de la Valette, sans crainte de la mort, parcourut cette malheureuse province; il entra mesme dans les villes infectées de la contagion. Il consoloit les magistrats; il leur distribuoit des remedes, & il soulageoit la misere des peuples par d'abondantes aumosnes.

Mr. de la Valette ayant appris que Mr. de Lesdiguieres estoit campé au Moustier de Clermont, il y marcha avec sa petite armée. Il opposa un corps de troupes commandé par messieurs de Gordes & d'Auribal à l'avant-garde ennemie commandée par Mr. de Gouvernet. Il se mit à la teste du reste de son armée pour prendre par derriere Mr. de Gouvernet. Sa défaite paroissoit infaillible; mais les paysans lui ayant donné avis de cette manœuvre, Gouvernet prit sur le champ le parti d'attaquer Gordes & d'Auribal; il perça le corps qu'ils commandoient, & ces deux braves officiers furent tués dans cette attaque.

Mr. de la Valette se détermina de déloger les ennemis du fort du pont de

Cognet proche de Grenoble. Voici comme il s'y prit. Il alla camper sous ce fort ; les assiégés firent pendant une nuit fort obscure une sortie ; Mr. de la Pierre maréchal de camp, qui estoit ce jour-là de garde, les attaqua & les mit en fuite. Mr. de la Valette estant accouru à cette allerte, entra pesle & mesle avec les fuyards, tailla en pieces tout ce qui s'y trouva & s'en rendit maistre.

Mr. de la Valette, après avoir combattu les huguenots ennemis déclarés de l'estat, prévint aussi les ligueurs qui estoient les ennemis cachés du roy & du royaume : lorsque le duc de Mayenne faisoit la guerre aux huguenots en Dauphiné pendant les années 1580. & 1581. il les traitoit avec douceur & avec humanité ; il accordoit mesme inviolablement tout ce qu'il leur avoit promis, ce qui le fit surnommer *le prince de la foi.* Il rendit visite à Mr. de Lesdiguieres & aux autres principaux chefs des calvinistes ; mais il avoit grande attention de mettre dans les places d'importance ses confidens, ses amis, & des déterminés ligueurs.

Mr. de la Valette prévoyant que le roy se lasseroit bientôt du joug que la ligue lui avoit imposé, & que les ligueurs seroient ses plus mortels ennemis aussi-bien que de son état essaya de leur enlever les principales places qu'ils occupoient dans le Dauphiné, & d'y establir des fideles serviteurs du roy pour y commander. Il s'achemina à cet effet au mois d'Aoust de l'année 1586. à Valence dans le temps que la peste y estoit dans sa plus grande violence. Le duc de Mayenne y avoit mis pour gouverneur de la ville & de la citadelle Mr. de Geissens ; c'est le mesme qui mourut commandant pour la ligue dans le fort de sainte Catherine de Rouen. Cet officier reçut avec distinction Mr. de la Valette ; il l'introduisit mesme dans la citadelle avec douze gentilshommes de sa suite & une partie de ses gardes. Il luy offrit la collation que Mr. de la Valette accepta. Geissens lui avoua dans la conversation que la plus grande partie de sa garnison avoit esté emportée par la peste. Mr. de la Valette lui offrit de les faire remplacer par d'autres de son armée. Le gouverneur fit le difficile ; cela augmenta les soupçons de Mr. de la Valette ; il l'engagea enfin d'accepter par complaisance ces nouveaux soldats. Mais Geissens craignant que ces inconnus ne découvrissent ses intelligences avec les chefs de la ligue, prit le parti d'abandonner son gouvernement ; il publia par tout que c'estoit par zele pour la religion catholique.

La ville de Gap se trouvant fort pressée par Mr. de Lesdiguieres, Mr. de la Valette y fit entrer deux compagnies de chevaux-légers & un détachement d'arquebusiers sous les ordres de Mr. de Tajan. Ils devinrent les plus forts. Le sieur d'Auriac gouverneur de cette place, & qui estoit créature du duc de Mayenne, ne put souffrir cet affront ; il abandonna son gouvernement, & cria encore plus fort contre Mr. de la Valette que le Sr. de Geissens.

Le duc de Mayenne ayant appris cette manœuvre à son retour de la guerre de Guyenne, fit de concert avec les ligueurs qui estoient à la cour de grandes plaintes contre Mr. de la Valette. Ses amis lui écrivirent qu'il prit garde à lui, que le duc de Mayenne estoit furieux de sa conduite, & qu'il menaçoit de le poignarder mesme dans la propre chambre du roy. Mr. de la Valette répondit qu'il se moquoit de ces fieres & ridicules menaces, & qu'il seroit toujours empressé de mériter par le zele le plus ardent les bonnes graces du roy son maître. Mr. de la Valette partit toutesfois en poste & alla trouver le roy, qui estoit aux bains de Bourbon-Lancy. Il lui rendit compte de sa conduite ; ce prince l'approuva dans tous les chefs. Il retourna ensuite reprendre le commandement des troupes du Dauphiné. Les sieurs de Geissens & d'Auriac malgré toutes les instances du duc de Mayenne ne purent obtenir d'estre rétablis dans leurs gouvernemens de Valence & de Gap.

Henri d'Engoulesme, grand prieur de France, gouverneur de Provence, ayant été tué en 1586 par Philippe Altoviti de Marseille, capitaine d'une compagnie entretenue sur les galeres du roy ; le gouvernement de Provence fut donné à Mr. d'Epernon, qui partit pour en aller prendre possession.

Mr. d'Epernon écrivit à Mr. de la Valette que les états de Provence desiroient qu'il attaquât Scine & la Breole occupés par les huguenots, & qu'il le prioit de lui envoyer les Suisses qu'il avoit en Dauphiné avec le colonel Galaty pour faire cette expédition. Mr. de la Valette sachant que les ennemis s'estoient saisi des passages du Dauphiné en Provence, se chargea lui-même de conduire les Suisses. Il prit quelques canons avec lui, il passa par des chemins affreux, il traversa les plus hautes montagnes, & se rendit sur la frontiere de Provence du costé de Seine. Mr. d'Epernon avoit déjà emporté cette petite place; il estoit campé devant la Breole, qui se rendit d'abord après l'arrivée de Mr. de la Valette.

Mr. de Lesdiguieres prévoyant que les deux freres réuniroient toutes leurs forces contre Chorges, place sur la frontiere du Dauphiné, s'y transporta pour la mettre en état de défense & capable de soutenir un long siege. Chorges estoit bien fortifiée, ayant plusieurs grands bastions; Mr. de Lesdiguieres y faisoit travailler nuit & jour. Mr. de la Valette ayant appris que Mr. de Lesdiguieres s'y estoit renfermé, se hasta de l'investir; mais Mr. de Lesdiguieres en estoit sorti. Il y avoit laissé pour garnison huit cents hommes choisis parmi ses meilleurs soldats, sous les ordres de Mr. de Poligny son lieutenant, & pour adjoints messieurs de St. Jean

& de Morges ses deux neveux Mr. de Lesdiguieres estoit persuadé que messieurs d'Epernon & de la Valette malgré la réunion de leurs troupes échoueroient devant cette place.

Mr. de la Valette ayant reconnu cette place, la trouva plus forte qu'il n'avoit cru, & l'entreprise difficile. Cependant le temps étoit doux & beau, quoiqu'on fut au mois de Novembre: il estoit d'ailleurs sûr que Mr. d'Epernon venoit avec toutes ses forces pour le seconder dans cette importante entreprise; ainsi il se détermina de l'assiéger.

Je n'entreprends pas de donner une relation circonstanciée de ce siege; je dirai seulement qu'il ne s'en fit point dans la guerre civile de Dauphiné & de Provence de plus mémorables. Le froid fut très-rigoureux au commencement de Décembre; il tomba une quantité prodigieuse de neges; les assiégeans estoient sans abri campés en rase campagne. Les sentinelles ne pouvoient demeurer une heure en faction sans mourir de froid. L'expérience & l'opiniâtreté des assiégés leur fit faire des prodiges; l'activité, la fermeté, la vigilance & la valeur de messieurs de la Valette & d'Epernon inspirerent une ardeur singuliere à leurs troupes & leur firent supporter avec patience la rigueur de la saison & les fatigues de ce siege. Enfin la place capitula; on convint de part & d'autre pour l'observation exacte de la capitulation d'envoyer en ostage

Mr. le baron de Termes, à présent grand écuyer auprès de Mr. de Lesdiguieres, & Mr. de Treminy son neveu, qu'on a depuis nommé Mr. de Morges resta auprès de messieurs de la Valette & d'Epernon. Il est difficile d'exprimer le courage & le génie que ces deux freres montrerent dans ce pénible siege & qui leur acquit beaucoup de gloire.

Mr. d'Epernon retourna après cette expédition en Provence. Mr. de la Valette ne pouvant pas faire la guerre à cause de la rigueur de l'hyver envoya son artillerie à Gap, & lorsqu'il fut arrivé à Valence au commencement de l'année 1577. Il licencia le colonel Galaty, ses suisses & quelques régimens françois. Il leur fit payer exactement tout ce qui leur estoit du, & après les avoir comblés d'éloges, il les congédia. Mr. de la Valette emprunta à cet effet quatre vingt mil écus des négocians de Lyon & du Dauphiné, & il leur donna en gage les diamans de sa femme. Ses comptes furent vus & vérifiés au conseil du roi & à la chambre des comptes sans qu'ils ayent toutesfois été remboursés.

Le roi rappella à la cour Mr. d'Epernon, & luy ordonna de remettre le commandement de la Provence à son frere Mr. de la Valette. Il supplia le roy de donner à quelqu'autre le commandement du Dauphiné; mais le roy ne voulut pas y consentir, & luy répondit que l'opinion qu'il avoit de son zele & de sa capacité lui persuadoit qu'il convenoit pour le bien de son service qu'il eut le commandement en chef de ces deux grandes provinces. Mr. d'Epernon se rendit à Avignon, & il y donna rendez-vous à Mr. de la Valette. Ces deux freres conférerent ensemble tant sur les affaires publiques que sur leurs affaires particulieres. Mr. d'Epernon partit ensuite pour la cour, & Mr. de la Valette alla en Provence.

La premiere attention de Mr. de la Valette fut de convoquer au commencement d'Avril de cette mesme année 1587. une assemblée particuliere de toutes les Communautés de Provence dans la ville de Manosque. Il parcourut ensuite pendant trois mois cette province; il séjournoit dans les villes tout le temps que sa présence estoit nécessaire, s'occupant à se rendre utile & secourable au peuple. Il termina les querelles & les différens; il arresta par-tout la violence, & il s'acquit par sa douceur & son naturel bienfaisant le respect, l'estime & l'affection des grands & des petits. Ce général ayant appris que Mr. de Monbrun, un des chefs des huguenots, levoit des troupes dans le Dauphiné, il s'y rendit promptement pour prévenir les troubles qu'il estoit en estat de renouveller.

Les ligueurs estoient suspects au roy; il estoit dans des continuelles défiances contre ces ennemis cachés. Mr. de la Valette pensoit de mesme, & il faisissoit avec empressement les occasions de les chasser des postes qu'ils occupoient

Voici le stratagême dont il usa pour faire sortir du chasteau de Tallard le jeune d'Auriac qui en estoit gouverneur, & qui estoit frere de celuy qu'il avoit tiré de la ville de Gap. Après avoir communiqué son projet à six gentils-hommes en qui il se fioit le plus, il quitta sa petite armée pour tenir en respect celle de Mr. de Monbrun. Il arriva avec sa petite troupe deux heures avant jour à la porte du chasteau de Tallard; il estoit seul avec un valet de chambre; il demanda à parler au gouverneur; il lui dit qu'il avoit fait cette nuit là une fatigue excessive, qu'il estoit accablé de sommeil, & qu'il le prioit de lui donner un lit pour dormir une heure seulement. Le gouverneur hésita quelque temps, mais enfin le voyant avec un seul domestique, il lui fit ouvrir la porte du chasteau, & le conduisit dans une chambre. Mr. de la Valette se mit sur le champ au lit en présence du gouverneur, qui se retira pour le laisser reposer. Cependant les gens de Mr. de la Valette arriverent par intervalle, suivant l'instruction qu'il leur avoit donné; ils feignirent de s'estre égaré la nuit & d'avoir perdu leur maistre; l'un assura qu'il estoit son maistre d'hostel, l'autre son escuyer, un autre son secretaire, il y en avoit un qui portoit son porte-manteau, & ainsi ils entrerent sous divers prétextes l'un après l'autre. Mr. de la Valette qui ne dormoit point, envoyoit de temps en temps ſon valet de chambre pour eſpier ce qu'on faiſoit, & lui rapporter quels de ſes gens eſtoient entrés. Quand on lui demandoit ſi ſon maiſtre eſtoit éveillé, il répondoit que non, qu'il dormoit fort profondement, & qu'on lui feroit grand tort de l'éveiller. Auſſi-tôt que ſa troupe fut réunie, il ſe leva, s'habilla, & les ayant fait entrer dans ſa chambre, il envoya prier le gouverneur de s'y rendre. Il lui dit qu'il eſtoit fâché de lui donner des mauvaiſes nouvelles; mais qu'il n'y avoit point de remede, qu'il avoit un ordre exprès du roy de le tirer de cette place. Mr. d'Auriac ſurpris & les larmes aux yeux le ſupplia de ne luy faire aucun tort, & que s'il avoit eu mauvaiſe intention pour le ſervice du roy, il ne lui auroit certainement pas permis d'entrer dans le chaſteau. Mr. de la Valette le conſola, lui promit d'écrire au roy en ſa faveur, lui permit d'emporter tout ce qu'il voulut, & il eſtablit à ſa place un autre gouverneur.

Mr. de la Valette ſe rendit enſuite à Valence; il y reçut avis par Mr. Alfonſe d'Ornano, colonel des Corſes, que la ville de Remoulin en Languedoc étoit aſſiégée depuis deux mois par Mr. de Chaſtillon, & que ſans un prompt ſecours, elle ſeroit infailliblement priſe. Mr. de la Valette fit ſur le champ partir toutes les troupes qu'il avoit auprès de lui, Mr. de Chaſtillon fut contraint de lever le ſiege, & ſe retira à la haſte.

Mr.

Mr. de Chastillon considérant que les troupes de Mr. de la Valette estoient en Languedoc, profita de cette occasion pour faire sa jonction avec Mr. de Lesdiguieres. Il passa le Rhône à Bay-sur-Bay & avec une célérité admirable il entra à la teste de ses troupes en Dauphiné, & alla joindre Mr. de Lesdiguieres à Aouste. Son projet estoit de se jetter par la Savoie en Bourgogne, pour joindre la grande armée des Reistres & des Suisses, qui sous la conduite du baron d'Aune, pénétroient en France en faveur de son parti. Son intention estoit aussi de favoriser le passage du Dauphiné en Languedoc pour douze enseignes Suisses que le roy de Navarre faisoit venir pour remplacer les garnisons françoises des villes huguenotes, qu'il projettoit d'envoyer à sa grande armée.

Mr. de la Valette ayant appris la marche de Mr. de Chatillon, se rendit sur le champ à Romans; il invita les communautés de la province, les gentilshommes & Mr. de Mandelot gouverneur de Lyon de rassembler des troupes; il rappella aussi celles qu'il avoit envoyées en Languedoc. Lorsqu'elles furent toutes réunies, il forma un corps de deux mil cinq cent fantassins & cent cinquante cavaliers.

La petite armée de Mr. de Chastillon & de Lesdiguieres estoit de trois mil hommes d'infanterie & de six cent de cavalerie. Elle costoya l'Isaire pour aller recevoir les Suisses protestans, qui estoient au nombre de quatre mil auxquels s'estoient joingt un corps de cinq cent soldats françois, & une cornette de cavalerie. Mr. de la Valette costoya les ennemis de l'autre costé de la mesme riviere campant à égale distance, ne les perdant jamais de vue; très-déterminé de les attaquer s'ils entreprenoient de la passer à Tulins. Les ennemit continuerent leur route vers Sassenage, qui est à une lieue de Grenoble. Mr. de la Valette fit partir Mr. de Crottes avec cent cinquante chevaux-légers pour rassurer cette ville avec ordre de dire à Mr. de Maugiron de luy tenir des provisions nécessaires toutes prestes, parce qu'il arriveroit à Grenoble au point du jour. Il y arriva en effet, & après avoir pris des vivres il se porta sur la riviere du Drac pour en reconnoistre les gués. Croyant que les ennemis avoient intention de la passer, c'estoit en effet le sentiment de Mr. de Chatillon; mais Mr. de Lesdiguieres fut d'un avis différent. Mr. de la Valette envoya Mr. de Crottes à la teste d'un corps de cavalerie pour apprendre des nouvelles de l'ennemi. Il l'informa que Messieurs de Chastillon & de Lesdiguieres après trois jours de séjour à Sassenage avoient remonté l'Isere trois lieues au-delà, & qu'ils estoient campés à vif derriere la Romanche. Mr. de la Valette se porta sur le champ à la teste de ses troupes de l'autre costé de cette riviere, pour observer les ennemis.

Ce général apprit que les Suisses

avoient passé l'Isere au dessus de Montmelian & estoient entrés en Dauphiné, qu'ils dirigeoient leur marche vers Vixille, qu'on construisoit un pont sur la Romanche pour faire leur jonction avec messieurs de Chastillon & de Lesdigueres. Mr. de la Valette se porta avec toutes ses forces sur cette riviere. Il fut informé que les Suisses avoient pris le chemin d'Uriage tendant à Vizille & qu'ils n'estoient pas loin de luy. Il fit sur le champ partir Mr. Alfonse d'Ornano, colonel général des Corses avec un détachement composé de sa compagnie, de celle de Mr. de Crotes faisant en tout cent soixante hommes de cavalerie & cinq cent fantassins commandés par Mr. d'Esgaravaques. Mr. de la Valette avec le reste de ses troupes se mit en bataille sur les bords de la Romanche pour contenir l'armée de Chatillon & de Lesdiguieres & l'empescher de passer cette riviere.

Nous avons déjà observé que les Suisses formoient un corps de quatre mille hommes, une cornette de cavalerie sous les ordres du baron d'Aubonne, & cinq cent soldats françois huguenots qui s'estoient joints avec eux. Lorsqu'ils furent parvenus assez près du lieu où ils pouvoient passer la Romanche marchant au long du penchant d'une colline tournée du costé de cette riviere, Mr. d'Ornano prit le parti de les charger avec sa petite troupe. Le combat commença le dix-neuf Aoust, veille de la feste de saint Bernard de l'année 1587. à dix heures du matin. Mr. d'Ornano attaqua en mesme temps les Suisses en teste, à la queue & aux flancs. Ces braves gens se tenant serrés restent immobiles sans reculer ; il paroissoit impossible de les rompre, car ils combattoient ainsi pressés, & ils demeurerent inébranlables jusqu'à cinq heures après midi ; on en fit un carnage affreux ; ils se laissoient égorger sans quitter leurs rangs. Mais Mr. d'Ornano avec une audace & une valeur incroyable ayant pénétré jusqu'à leurs drapeaux, alors les Suisses devinrent furieux ; ils s'élancerent sur nos troupes, & elles furent ébranlées. Au cri qu'elles firent, Mr. de la Valette accourut avec un corps de cavalerie toute fraîche ; il ne leur laissa pas le temps de respirer ; il rétablit le combat, & retourna après au bord de la riviere. Les Suisses combattirent pendant environ une heure ; se voyant enfin sans ressource, épuisés & enfoncés de tous les côtés, ils demanderent quartier & poserent les armes. Ils laisserent sur le champ de bataille douze cent morts en une mesme place, & cinq cent un peu plus loin. Tout le reste fut fait prisonnier avec le baron d'Aubonne commandant leur cavalerie ; on ne put trouver le corps du jeune Cugy leur colonel. Tous les douze drapeaux des Suisses, un desquels fut mis en pieces par les soldats pour faire des jarretieres, & la cornette d'Aubonne demeurerent au vainqueur, & furent envoyés au roy qui les fit placer dans l'Eglise de Nostre-Dame pour marques de cette signalée victoire. Mr. de la Valette eut de son costé cinquante cavaliers ou soldats tués & cent de blessés. Messieurs de Chatillon & de Lesdigueres témoins de ce combat firent plusieurs tentatives pour passer à gué la riviere & aller au secours des Suisses ; mais Mr. de la Valette les repoussa toujours ; Mr. de Morges beau-frere de Mr. de Lesdigueres y fut tué.

Ce combat, dont le succès estoit dû à la vigilance, à l'activité & à la valeur de Mr. de la Valette, puisque ses ennemis estoient infiniment supérieurs, luy attira du roy & de toute la cour des applaudissemens. Ses ennemis & ses envieux furent mesme obligés de le louer ; car cette victoire fut un coup décisif pour le roy & pour son royaume. Le principal fruit fut de faire échouer le projet du roy de Navarre, qui après la bataille de Coutras avoit résolu de retirer des villes huguenotes du Languedoc quatre mil arquebusiers françois & de les faire remplacer par ces quatre mil Suisses. Ce prince auroit alors passé la Loire avec ces quatre mil combattans & auroit joint l'armée formidable des Reistres, qui fut peu après dissipée. Car il est constant que toutes les forces du roy n'auroient pas alors été suffisantes pour résister au roy de Navarre, & que la religion & l'estat eussent esté alors en grand danger. Ainsi Mr. de la Valette rendit dans cette occasion un service très-important au roy, puiſqu'il déconcerta par ce brilliant exploit les meſures de ſes ennemis, & fut l'occaſion de la diſſipation des Reiſtres.

Mr. François de la Baume-Suze lieutenant général écrivit dans ce temps-là à Mr. de la Valette, que Mr. du Pouet, gouverneur de Montelimart, eſtant allé joindre Mr. de Chatillon, il avoit profité de ſon abſence pour ſurprendre cette ville, qu'il en eſtoit le maiſtre; mais que le chaſteau tenoit encore. Mr. de la Valette à la teſte de ſa petite armée partit pour s'y rendre & donner ſecours à l'armée catholique. Mais il n'eſtoit pas encore arrivé à Valence, qu'il apprit que cette ville avoit été repriſe par les huguenots, parce qu'on avoit négligé de faire des retranchemens, des coupures, & d'eſtablir des corps de garde entre la ville & le chaſteau; que Mr. de Suze avoit été tué & ſon fils fait priſonnier. Ce funeſte événement engagea Mr. de la Valette de reſter à Valence. Le roy luy envoya ſur la fin de cette meſme année 1587. Mr. du Buiſſon pour luy donner ordre de ſe rendre inceſſamment en Provence, parce qu'il avoit appris qu'il s'y formoit pluſieurs factions préjudiciables à ſon ſervice. Mr. de la Valette ſe rendit ſur le champ à Grenoble; il convoqua les états de cette province, & en leur préſence & celle du parlement, il ſe démit du commandement du Dauphiné en faveur de Mr. de Maugiron. Il partit enſuite généralement regretté.

MÉMOIRES POUR LA VIE DE BERNARD DE NOGARET, SEIGNEUR DE LA VALETTE.

Pendant les années 1588. 1589. 1590. 1591. & 1592.

TROISIEME PARTIE.

MR. de la Valette alla en Provence au commencement de l'année 1588 : il se rendit d'abord à Tarascon ; il envoya sa commission de commandant en chef pour le roy dans cette province au parlement pour qu'elle fut registrée, afin que personne ne doutât du pouvoir que le roy luy avoit donné.

Il trouva les affaires de la communauté en bon estat ; mais les diverses inondations du Rhône avoient abbatu une partie des murailles de cette ville. Il ordonna qu'elles fussent promptement relevées & réparées.

Il alla ensuite à Arles ; il apprit en

arrivant qu'un détachement de l'armée de Mr. de Lesdigueres avoit pénétré par les montagnes du Dauphiné en Provence du costé de Sisteron, qu'ils s'estoient emparé d'un village nommé Montagnac, & qu'ils s'y fortifioient pour s'y maintenir. Il partit sur le champ pour chasser les ennemis de ce poste. Ce général passa par les villes de Salon, Pertuis, Manosque & Forcalquier. Il trouva tout en bon ordre ; le baillif de Manosque avoit fait des merveilles pour le service du roy & pour conserver le peuple dans la fidélité qu'il lui devoit. Il apprit sur sa route que le détachement des troupes de Mr. de Lesdigueres estant informé de sa prochaine arrivée, avoit abandonné Montagnac, & s'estoit retiré en Dauphiné. Il loua beaucoup le baillif de Manosque ; il lui promit d'écrire au roy en sa faveur, pour qu'il lui accordât la récompense qu'il méritoit.

Mr. de la Valette poursuivit son voyage & alla à Sisteron. Il trouva cette place bonne & en estat de défense. Il résolut d'y établir son artillerie & les munitions de guerre : il accorda un différent qu'il y avoit entre Mr. de Trignan gouverneur de la ville, & son lieutenant qui commandoit au chasteau. Il concilia aussi les consuls avec les officiers de la garnison ; il la diminua pour soulager le peuple & la distribua dans d'autres quartiers.

Ce commandant continua à parcourir les autres villes de Provence ; il passa par Digne, Monſtiers, Riez & Draguignan. La peſte avoit fait des ravages affreux dans cette derniere ville, & il y régnoit des diviſions parmi les principales familles. Mr. de la Valette rétablit la paix & la concorde. Il ſe rendit enſuite à Frejus : deux partis diviſoient cette malheureuſe ville. Tranſportés de rage ils commettoient mil crimes ; les vols, les aſſaſſinats, les bruſlemens de maiſons ; l'Evêque & ſes partiſans avoient le plus ſouffert. L'eſprit de revolte s'eſtoit même emparé de preſque tous les habitans pour ſe ſouſtraire par ce moyen au chaſtiment qu'ils méritoient. Ils avoient chaſſé à coups d'arquebuſe un conſeiller d'Aix qui y eſtoit allé pour informer de leurs excès. Mr. de la Valette après avoir employé inutilement les promeſſes & les menaces, y établit une forte garniſon. Il fit enſuite ſaiſir les plus ſéditieux, qu'il envoya à Aix pour que le parlement en fit prompte juſtice. Il démantela la ville dans pluſieurs endroits ; il fortifia la fortereſſe & y eſtablit pour gouverneur Mr. de Vaucluſe, gentilhomme du pays, lequel y a touſjours bien fait ſon devoir.

Mr. de la Valette alla enſuite à Antibes ; le parlement avoit confié la garde du fort aux conſuls qui y avoit eſtabli un capitaine avec quelques ſoldats. Mr. de la Valette le changea & en mit un autre. Il paſſa enſuite par Hieres : le roi entretenoit une compagnie de mortes-payes dans le chaſteau ſous les ordres du baron de Meuillon, qui n'avoit d'autres défauts que de n'estre pas ligueur. Le parlement après la mort de Mr. le grand prieur gouverneur de Provence avoit remis aux consuls de cette ville la garde du chasteau. Ces magistrats abusant de leur autorité, avoient engagé le peuple à détruire une partie de ce chasteau. Mr. de la Valette convoqua la Communauté ; il luy représenta la faute qu'elle avoit commise, lui ordonna de la part du roy de rétablir le chasteau. Les habitans le firent promptement, toutesfois avec regret. Lorsqu'il fut en état de défense, Mr. de la Valette en osta la garde aux consuls, & il y restablit la compagnie sous les ordres du baron de Meuillon.

Mr. de la Valette fit aussi quelque séjour à Toulon & à Marseille. Il trouva les habitans de ces deux villes fort zélés pour le service du roi : il se rendit ensuite à Aix, où il conféra avec les principaux du parlement & les chefs de l'assemblée du pays sur les intérests du roy & du peuple. Ces deux corps luy représenterent que la province estoit surchargée de troupes & qu'il falloit les retirer. Mr. de la Valette sçavoit qu'ils estoient suspects & grands ligueurs. Ainsi il s'excusa honnestement, & leur dit qu'il convenoit d'en faire part au roy & attendre ses ordres. Mr. de la Valette se rendit à Arles le vingt-cinq de Mars pour assister à l'élection des consuls & autres officiers de cette ville. Il concilia les esprits, il empêcha les brigues, & il prévint par sa prudence tous les troubles.

On reçut la nouvelle en Provence que les ligueurs avoient fait des barricades à Paris, & que le roy estoit sorti de cette ville le douze de May 1588. Aussi tôt les ligueurs étendirent l'esprit de sédition dans toute la province ; ils avoient à leur teste messieurs de Carces & de Vins ; l'un estoit gendre de madame de Mayenne, ayant épousé une des filles de feu Mr. de Montpezat ; l'autre néanmoins estoit plus en faveur & en credit parmi le peuple. Mr. de la Valette estoit alors à Pertuis. Il apprit que la ville d'Aix estoit sur le point de prendre le parti des rebelles ; il partit sur le champ suivi d'un petit nombre de gens bien intentionnés. Le peuple refusa de le laisser entrer & luy ferma les portes de la ville. Il céda toutesfois peu de temps après à ses remontrances : introduit dans la ville on rendit à son autorité les honneurs qui luy estoient dûs. Il assembla le parlement & le pria de concourir avec luy à maintenir la tranquillité dans la province. Quelques esprits factieux traverserent ceux qui estoient fideles au roy. On conclut toutesfois de ne permettre l'entrée de la ville qu'aux habitans & d'en exclurre les étrangers & les personnes suspectes & inconnues. Mr. de la Valette retint ainsi par sa prudence cette ville dans le devoir & dans l'obéissance. Il alla ensuite à Marseille qu'il trouva calme & tranquille. Continuant sa route pour

Toulon, il apprit à Roquevaire que les huguenots du Dauphiné avoient de nouveau pénétrés en Provence du costé de Sisteron, & que la ville de Gap estoit dans une disette considérable de vivres, parce que les calvinistes avoient enlevés plusieurs de leurs convois. Il y accourut sur le champ, il chassa les huguenots de Provence, & il fit entrer cinq cent charges de bled dans Gap. Mr. de Vins se jetta pendant son absence dans Aix ; il y avoit été appellé par les séditieux habitans, quelques conseillers du parlement & les partisans de feu Mr. de Carces. A l'exemple de la capitale, les habitans de Marseille firent de mesme ; ils reçurent Mr. de Carces. Leurs émissaires souleverent le peuple ; les moines & les prédicateurs soufflerent l'esprit de sédition. Les excès de toutes especes parvinrent bientôt à leur comble.

Mr. de la Valette se transporta à Pertuis, d'où il envoya plusieurs députés au parlement & aux procureurs du pays pour leur persuader de faire leur possible pour engager le peuple de demeurer fideles au roy. Mais tout cela devint inutile ; il n'en reçût que des réponses ambigues. Ils ne cherchoient en effet qu'à gagner du temps & jusqu'à ce qu'ils fussent en état de luy résister. Les lettres que le duc de Guise écrivoit aux ligueurs de Provence émouvoient le peuple & causoient une fermentation extraordinaire dans tous les esprits. Il marquoit que son autorité estoit

eſtoit ſans bornes, & qu'inceſſammen Mr. de la Valette auroit tout lieu de ſe repentir de n'avoir pas été de ſon parti. Alors le peuple ne garda aucune meſure ; il tourna ſes armes contre les fideles ſerviteurs du roy & contre ceux qui ne paroiſſoient pas du parti de la ligue. Ces ſéditieux les chaſſerent de leurs maiſons, les pillerent, ſaccagerent, couperent leurs arbres, ruinerent leurs domaines, & ils en aſſaſſinerent meſme pluſieurs.

Mr. de la Valette crut qu'il eſtoit de ſon devoir d'uſer de l'autorité que le roy luy avoit confiée. Il ſe mit à la teſte des troupes pour punir les rebelles & éteindre cette ſédition. Alors le parlement de Provence qui ne ſe gouvernoit plus par raiſon ny prudence, mais par leur paſſion & les ſuggeſtions de M. de Vins, donna pluſieurs arreſts contre Mr. de la Valette comme fauteur des hérétiques, rébelle au roy & criminel de leze-majeſté, ordonnant à toutes perſonnes de luy courir ſus. Il crut l'envoyer auſſi loin par ce moyen comme il avoit fait auparavant Mr. de Suze lorſqu'il fut nommé gouverneur de cette province. Mr. de la Valette ne fut point déconçerté de tout cet éclat ; il tira l'artillerie de Siſteron pour la conduire à Pertuis. Les habitans de Valenſoles tirerent ſur ſes troupes : il eſſuya leur feu, il fut meſme bleſſé, il força ce bourg & y entra à vive force ; mais il ne tira aucune vengeance de ce peuple turbulent. Le parlement

V

& Mr. de Vins ayant fait exprès commandement aux habitans de Peyrolles d'empêcher le paſſage aux troupes de Mr. de la Valette, ce commandant emporta cette place ; il ne put empêcher les ſoldats de piller leurs maiſons ; mais il n'y eut perſonne de tués, quoiqu'à l'aſſaut que les habitans ſoutinrent ils euſſent tué & bleſſé pluſieurs braves officiers & ſoldats.

L'artillerie établie à Pertuis étonna fort les ligueurs ; de ſorte que toute la province ſe contint dans le devoir & dans la fidélité qu'elle devoit au roy, excepté toutesfois Aix & Marſeille. Mr. de la Valette convoqua les états de la province à Pertuis. Il s'y rendit un grand nombre de députés malgré les arreſts du parlement, qui prohiboient à toutes perſonnes de s'y trouver, ſous peine de la vie. Mr. de la Valette propoſa pluſieurs expédiens pour maintenir la tranquillité & pour calmer les eſprits ; il employa meſme Mr. de Berton frere de Mr. de Crillon, qui fit de ſa part à l'aſſemblée des propoſitions très-raiſonnables ; mais tout fut inutile.

Mr. de la Valette ſe rendit après à Brignolles dans le temps que les états généraux eſtoient aſſemblés à Blois. Mr. de Pontcarré conſeiller d'eſtat & Mr. de ſainte Marie gentilhomme expérimenté dans les affaires, furent le trouver dans cette ville, & luy dire qu'ils eſtoient commiſſaires du roy expreſſément députés pour luy ordonner de ſa part de remettre le commandement de la province à sa cour du parlement &, de se retirer en deux villes qu'ils luy désignerent. Mr. de la Valette les pria de luy communiquer leurs pouvoirs. Ils luy remirent alors un édit du roy, portant une abolition générale de tout ce qui s'estoit passé, & une lettre du roy qui luy enjoignoit de quitter le commandement & de le remettre au parlement. Mr. de la Valette leur répondit qu'il estoit surpris d'un pareil ordre; que son zele pour le service de sa majesté ne s'estoit jamais démenti; qu'au surplus il estoit convaincu que le roy n'estoit pas maistre de sa volonté; que toutesfois il estoit disposé à luy obéir. Il pria ensuite ces commissaires de dissiper tous ces troubles, & il leur donna à cet effet toute son autorité pour prendre les expédiens qu'ils trouveroient les plus convenables aux interests du roy. Les deux commissaires allerent à Aix conférer avec le parlement & Mr. de Vins; ils se rendirent ensuite à Pertuis & dirent à Mr. de la Valette que le parlement ne vouloit entendre à aucune capitulation; mais le chasser de Provence avec honte & ignominie.

Les deux commissaires estant de retour à Aix recurent nouvelles de Paris, que le Duc de Guise estoit chef de conseil & gouvernoit avec une autorité sans bornes; cela les engagea d'écrire à Mr. de la Valette d'obéir au roy en se démettant de commandement de la province.

Mr. de la Valette estoit disposé de congédier les troupes, de terminer toutes choses à l'amiable & avec modération ; il pria à cet effet les commissaires de venir conférer avec luy. Mais ils le réfuserent & ils répandirent des lettres circulaires dans toute la Provence dans lesquelles ils assuroient que Mr. de la Valette différoit sous divers prétextes de se démettre du commandement pour avoir le temps d'assembler & faire entrer les huguenots du Dauphiné & du Languedoc dans la Provence ; qu'en consequence il leur déclaroit que l'intention du roy estoit, que Mr. de la Valette ne se meslat directement ny indirectement des affaires de cette province, & qu'il leur prescrivoit de se conformer aux intentions de sa majesté.

Madame de la Valette & tous les amis & serviteurs de Mr. de la Valette luy conseillerent alors de quitter le commandement & de se retirer dans le sein de sa famille pour y vivre tranquillement éloigné de toutes ces bourasques. Mais le zele ardent de Mr. de la Valette pour le service du roy l'empecha d'accéder à toutes leurs instances & à leurs sollicitations.

Mr. de la Valette se rendit sur la fin de l'année 1588. à Avignon ; il exposa à Mr. Grimaldi Génois, alors vice-légat, devant une assemblée nombreuse, que les ligueurs ne cessoient de le décrier pour avilir son authorité & la rendre inutile ; qu'ils publioient qu'il favorisoit les huguenots & qu'il vouloit les introduire en Provence ; que c'estoit une calomnie atroce; que s'il différoit de se démettre du commandement de cette province, c'estoit pour garantir les fideles sujets du roy de la fureur des partisans de la ligue ; qu'il le remettroit volontiers entre les mains d'un véritable serviteur du roy. Il pria ensuite le vice-légat de s'intéresser pour luy dans cette importante occasion, puisque la pureté de ses intentions luy estoit parfaitement connue. Le vice-légat deputa sur le champ à Aix Mr. d'Aubres, gentilhomme de qualité & d'honneur, pour faire des représentations de sa part au parlement, à Mr. de Vins, & aux deux commissaires ; mais sa négociation fut infructueuse & ne servit de rien. Alors Mr. de la Valette envoya au roy Mr. de Romefort pour informer le roy de tout ce qui se passoit en Provence au préjudice de son service, & de luy envoyer en conséquence ses ordres.

On apprit en Provence au commencement de l'année 1589. que le roy Henri III. avoit fait massacrer à Blois pendant la tenüe des états, le 24. Decembre le duc & le cardinal de Guise. Alors la haine contre le roy devint extrême, car il devint l'objet du mépris & des plaisanteries du peuple dans cette province. Les ligueurs l'excitoient à la révolte par des libelles injurieux & des chansons insolentes. La plupart des villes, des bourgs & des villages se déclarerent pour la ligue sous le prétexte spécieux de conserver la Religion catholique. Mr. de la Valette intercepta mesme dans ce temps-là des lettres de Charles-Emmanuel duc de Savoye, par lesquelles il faisoit savoir à Philippe II. roi d'Espagne, que les provinces & les villes de France avoient fait le sault & s'estoient révoltées; que la fortune luy présentoit une occasion bien favorable de se faire souverain monarque de la chrétienté, & qu'il l'exhortoit d'empêcher que cette grande monarchie de France ne revint à son chef.

Mr. de Romefort arriva de la cour à Pertuis au commencement de Février. Il remit à Mr de la Valette des lettres du roy. Ce prince, après l'avoir remercié dans les termes les plus obligeans des services importans qu'il luy avoit rendus, le confirmoit dans le gouvernement & le commandement de la Provence avec des pouvoirs beaucoup plus étendus que ceux qu'il avoit auparavant.

Mr. de la Valette convoqua l'assemblée des états du pays dans la ville de Riez au quinzieme de Mars. Il envoya ensuite les lettres du roy à la ville de Marseille, par lesquelles ce prince l'exhortoit à luy rester fidele; mais les consuls n'y firent aucune réponse. Il envoya aussi aux habitans d'Arles celles que sa majesté leur adressoit; ils répondirent qu'ils persisteroient tousjours dans la fidélité qu'ils devoient au roy; mais comme leur réponse étoit ambigue, Mr. de la Valette jugea à propos, pour contenir cette ville dans le devoir, de mettre garnison aux lieux de

Silverial & les saintes Maries du costé de la Camargue : il mit aussi garnison à la tour du boulevart pour assurer le commerce du Rhône, & il confia la garde du chasteau du Baron à Mr. de Barras fidelle & affectionné serviteur du roy. Mr. de la Valette envoya aussi au parlement & aux consuls d'Aix les lettres que le roy leur écrivoit ; mais ces gens-là qui n'avoient rien tant en horreur que le nom du roy, renvoyerent le tambour sans réponse & bien battu, avec tant de menaces, paroles outrageuses, vaines & pleines de folie, qu'il n'est pas convenable de les écrire pour leur honneur. Le parlement mesme pour empécher l'assemblée de Riez, publia un arrest portant inhibitions & défenses à tous sénéchaux, leurs lieutenans & autres officiers de procéder à la publication d'aucunes lettres-patentes ni autres que lorsqu'elles auroient été présentées à la cour, & défenses à tous consuls des villes de se trouver en aucune assemblée, excepté à celles qui seroient par eux ordonnées sous peine d'estre mis en prison & de confiscation de leurs biens.

Nonobstant cet arrest l'assemblée des états convoquée à Riez fut très-nombreuse ; l'advocat général du roy au parlement y assista, beaucoup de noblesse, & les députés des communautés de la province. Après la lecture des lettres du roy, Mr. de la Valette fit un fort beau discours pour engager les députés de maintenir le peuple dans le devoir & la fidélité qu'il devoit au roy. Il les exhorta aussi de pourvoir aux moyens de conserver la tranquillité publique. Le zele des députés fut très-vif ; le marquis d'Oraison, général administrateur des affaires du pays, y servit beaucoup. Le résultat de l'assemblée fut d'imposer sur le peuple quarante mil écus, & de donner pouvoir & procuration pour emprunter encore soixante & six mil écus, ce qui faisoit en tout cent six mil écus ; sous condition toutesfois que le roy accorderoit à la province le sel de tous les greniers en payant les droits des propriétaires, gages des officiers, & autres deniers revenans au roy. La province envoya en conséquence des députés au roy.

Après leur départ, Mr. de la Valette fit les dispositions convenables pour les troupes : il fit lever dans les vigueries de Provence mil pionniers pour le service de l'artillerie. Il fit venir du Dauphiné les compagnies des gendarmes des barons de la Roche & de saint Julien : il rassembla les régimens de Piedmont, de Baranquille & de la Garde. Toutes ces troupes furent prestes d'entrer en campagne à la fin de May. Il obtint du roy des lettres patentes pour interdire le parlement d'Aix, & il forma de tous ceux qui s'en estoient séparés & qui estoient fidelles serviteurs du roy un nouveau parlement qui tint ses séances à Manosque. Il establit aussi dans cette ville le bureau des finances, & il ordonna à tous les officiers de ce corps de s'y transporter promptement pour y faire les fonctions de leurs charges. Les paysans du lieu de Bormes prirent les armes, se révolterent & assiégerent leur seigneur dans son chasteau, lequel n'estant pas le plus fort se rendit à composition honorable ; mais ces rebelles le massacrerent avec un de ses freres. Le parlement d'Aix approuva cette action si inhumaine, & les prédicateurs ligueurs la louerent dans leurs sermons. Mais Mr. de la Valette y estant accouru, fit condamner à mort l'auteur de cette rébellion & ses complices.

Mr. de la Valette ayant appris la revolte de la petite ville de Montagnac à une lieue de Riez, il y alla, l'emporta facilement, & pour la punir il la fit démanteler. Il se rendit ensuite à Digne qui s'étoit soustraite à l'obéissance du roy ; il fit rentrer cette ville dans son devoir ; il fit fortifier l'évêché, & il y mit garnison.

Le roy écrivit à Mr. de la Valette qu'il s'estoit réuni avec le roy de Navarre pour agir de concert & obliger les ligueurs à se soumettre à son autorité, & qu'il luy enjoignoit d'en agir de mesme. Mr. de la Valette communiqua la lettre de sa majesté à l'assemblée du pays. Elle résolut de se conformer aux intentions du roy. En conséquence M. de la Vallette signa la treve avec M. de Lesdiguieres, & le pria de lui donner quelque secours. Mr. de Lesdiguieres lui envoya un détachement de cinq cens arquebusiers & quatre cornettes de cavalerie ſous les ordres de Mr. de Gouvernet. Il partit avec ce nouveau ſecours ; il paſſa la Durance ; il aſſiégea Forcalquier & l'emporta. Il prit enſuite d'aſſaut Montjuſtin, que les ennemis avoient fortifié. Comme il agiſſoit avec grande douceur & modération, dix ou douze places circonvoiſines rentrerent ſous l'obéiſſance du roy. Il s'empara auſſi d'Apt & y etablit pour gouverneur Mr. de Baumette, gentilhomme du pays, fort fidelle & affectionné au ſervice du roy. Il fut obligé de faire dreſſer une batterie contre le village de Beaumont que les ligueurs avoient fortifiés. Il capitula le ſecond jour ; la garniſon eut permiſſion de ſe retirer avec ſes armes. Cette petite conqueſte fut très-avantageuſe ; car une douzaine de petits forts qui eſtoient aux environs ſe ſoumirent, & les ſoldats qui les gardoient ſe retirerent, avec promeſſe de ne jamais porter les armes contre le ſervice du roy. Mr. de la Valette, pour dégager les villes de Berre & de Salon qui eſtoient preſſées par Mr. de Vins chef des ligueurs, paſſa la Durance, & il attaqua le chaſteau de Merargues ; le ſeigneur le rendit & fit ſerment de fidélité au roy. Il enleva enenſuite le lieu de Jouques & il alla camper à une lieue d'Aix. Mr. de Vins avoit raſſemblé toutes ſes force e dans cette ville, dans l'intention de donner bataille à Mr. de la Valette, ainſi qu'il l'avoit écrit au duc de Savoie ; il ne tint toutesfois pas paroles ; il ſe tint renfermé dans la ville.

Mr. de la Valette partagea son armée en deux. Il en donna une moitié au baron de Montaud son cousin germain, avec ordre d'aller attaquer Frejus. Cette ville estoit sur la frontiere des états du duc de Savoie. Mr. de Montaud prit Frejus par escalade : il fit grace aux sujets dn roi ; mais il fit passer au fil de l'épée tous les soldats étrangers. Mr. de Montaud ayant rejoint Mr. de la Valette, soumit les lieux de Gardane, Bouc, Cabrieres, Marignane, Lambesc, Pelissane le Punch & saint Maximin. Tous ces succès mirent les ligueurs au désespoir.

On reçut dans ce temps-là en Provence la nouvelle que le roy Henri III. avoit été assassiné à saint Clou le premier Aoust 1589. par Jacques Clement, dominicain fanatique. Mr. de la Valette tomba en même temps dangereusement malade ; il passa mesme pour mort. Ces nouvelles rallumerent les fureurs de la ligue en Provence. Les prédicateurs de ce parti soulevoient le peuple dans leurs discours séditieux. Ils publioient que Dieu avoit osté miraculeusement le tyran hypocrite de ce monde, qui sous le masque de dévotion maintenoit l'hérésie & estoit fauteur des hérétiques, & que pour parachever son œuvre il avoit envoyé après *son capitaine Bernard.* C'est ainsi qu'ils appelloient Mr. de la Valette.

Aussi-tôt que Mr. de la Valette fut rétabli de sa maladie, il convoqua à Pertuis les états de Provence, le parlement, la cour des comptes & les tresoriers généraux. Mr. de Mauroy secretaire du roy, qui estoit alors à la cour, luy envoya la relation de tout ce qui s'estoit passé après la mort d'Henri III. la déclaration du nouveau roy Henri IV. la forme du serment qu'on lui avoit presté à saint Clou le quatrieme d'Aoust, & l'arrest du parlement de Paris séant à Tours sur ce intervenu. Mr. de la Valette, après la lecture de toutes ces pieces, exhorta l'assemblée de suivre ce bon exemple, de se soumettre au nouveau roy, en luy jurant serment d'obéissance & de fidélité. Il se leva de son siege, & prononça fort haut les paroles suivantes.

Messieurs, je vais faire ce à quoi Dieu & nature m'ont obligés; c'est de jurer d'estre à jamais très-obéissant, très-humble, très-fidele sujet & serviteur du roy Henri IV. roy de France & de Navarre, lequel serment à la damnation de mon ame je ne fausserai jamais.

Aussi-tôt il fut se mettre à genoux devant le premier président séant en son siege, & il presta serment de fidélité entre ses mains. Tous ceux de cette assemblée du corps du clergé, de celuy de la noblesse, & du tiers état l'imiterent & presterent dans la mesme forme serment de fidélité. On dressa du tout un acte authentique: Mr. de la Valette l'envoya au roy Henri IV. par un gentilhomme avec l'état circonstancié de la Provence contenant les forces des ligueurs & celles du duc de Savoye qui vouloit

vouloit s'emparer de cette province.

Charles-Emmanuel, duc de Savoye, nomma pour général de ſes troupes qui devoient faire une invaſion en Provence Mr. de Ligny, ancien ennemi de la France; il lui envoya à cet effet à Nice, une petite armée de trois mil hommes de pied & de cinq cents chevaux, avec force munitions de guerre & de bouche. Cette armée réunie à celle des ligueurs de Provence, formoit un corps de huit mille hommes de pied & de douze cents chevaux. Les forces de Mr. de la Valette, ſans y comprendre les garniſons qu'il avoit mis dans les places, ne montoient qu'à deux mille hommes de pied & trois cents chevaux. Il en avoit aſſez pour réduire les provençaux s'il n'avoit affaire qu'à eux; mais elles n'eſtoient pas ſuffiſantes pour réſiſter aux forces combinées du duc de Savoye & des rebelles de Provence.

Mr de Ligny, général de Savoye, à la tête de deux mille hommes de pied & de cinq cents chevaux, entra en Provence, & s'empara d'Antibes & de S. Paul, que les ſieurs du Bear & la Broliere gouverneurs de ces deux places lui livrerent : tous les petits villages des environs furent contraints de preſter ſerment de fidélité au duc de Savoye. Meſſieurs de Vins & de Carces, à la tête de l'armée des ligueurs de Provence, allerent joindre les troupes ſavoyardes. Eſtant tous réunis, ils aſſiégerent la ville de Grace. Mr. de la Valette eſtoit alors occupé à réduire sous l'obéissance du roy la ville de Tarascon qui s'estoit révoltée; il en vint à bout avec le secours que Mr. de Montmoranci lui envoya du Languedoc, & par le moyen des consuls qui l'introduisirent dans la ville. Mr. de la Valette partit après cette expédition à la tête de sa petite armée, avec l'intention de combattre Mr. de Ligny & de faire lever le siege de Grace; mais estant arrivé à trois lieues de cette ville, il apprit qu'après avoir essuyé douze cents coups de canon elle avoit capitulé, & que Mr. de Ligny en avoit pris possession. Mr. de Vins ayant été alors tué d'une mousquetade à la tête, la Provence fut alors délivrée de celuy qui la troubloit le plus contre le service du roy. Les ennemis resterent campés devant Grace; Mr. de la Valette se campa devant eux pour les tenir en respect, & empêcher leurs progrès. Il fit pendant ce temps-là fortifier Frejus & munir cette place de de toutes les provisions de guerre & de bouche qui estoient nécessaires. Le gentilhomme que Mr. de la Valette avoit envoyé au roy pour luy représenter la situation de la Provence & tâcher d'en obtenir quelques secours en troupes & en argent, revint de la cour & dit que le roy ne pouvoit dans les circonstances présentes, accorder aucune espece de secours.

Mr. de la Valette pour ne pas laisser refroîdir l'ardeur de ses troupes, partit au commencement de l'année 1590.

pour remettre sous l'obéissance du roy le golfe de Grimaud ou plustôt le Bourg. Deux cents soldats de Savoye occupoient le chasteau qui estoit en état de résister ; toutesfois ils capitulerent à l'approche de Mr. de la Valette ; il les renvoya, & il y establit une petite garnison. Il se rendit ensuite à saint Tropez, place importante à cause de son port : les habitans estoient fideles au roy ; il les loua, & leur conseilla d'ajouster quelques fortifications aux endroits les plus foibles de cette ville, ce qu'ils exécuterent. Mr. de la Valette ayant appris que le marquis de Trans, son prisonnier, qu'il avoit laissé aller sur sa parole, s'étoit retiré à Flayes où il levoit une compagnie d'hommes d'armes pour aller joindre les ennemis, il s'empara par l'effet d'une saucisse (a) de Flayes ; il reprit son prisonnier, & il tua dans ce combat un de ses freres, & tous les gens de guerre qui s'y trouverent.

Mr. de la Valette laissa à Draguignan une partie de son armée, & il alla avec l'autre du costé de Riez au devant de Mr. de Chambaut, qui vint l'y

(a) *Saucisse* est une longue charge de poudre mise en rouleau dans de la toile goudronnée, arrondie & cousue en longueur, de sorte que cette espece de traînée regne depuis le fourneau ou chambre de la mine, jusqu'à l'endroit ou se tient l'ingénieur pour y mettre le feu, & faire jouer le fourneau. La saucisse peut avoir environ deux pouces de diamêtre.

joindre avec douze cents hommes de pied & sa compagnie de chevaux-légers. Le duc de Savoye voyant que toutes ses conquestes estoient bornées à la ville de Grace, & que la plus grande partie de la Provence estoit fidelle au roy, fit déclarer par Mr. de Ligny aux ligueurs Provençaux qu'il ne vouloit plus faire aucune dépense pour cette guerre, parce qu'il ne vouloit pas ruiner ses propres sujets pour leurs intérests particuliers & pour délivrer leurs pays de l'héréſie; que si toutesfois ils prenoient le parti de le reconnoistre pour leur souverain, & qu'ils lui prestassent serment de fidélité, ils reconnoistroient bientôt l'étendue de son pouvoir; & que ses forces jointes à celle du roy d'Espagne, les délivreroient bientôt des hérétiques & de leurs fauteurs Alors les ligueurs Provençaux, sans considérer ce qu'ils dévoient au roy & à leur patrie, consentirent à reconnoistre le duc de Savoye pour leur maistre. Madame Chrestienne d'Aguerre, comtesse de Sault, distinguée par sa noblesse, son esprit & son authorité, se déclara pour la ligue après la mort de son beau-frere Mr. de Vins. Elle avoit un grand pouvoir en Provence, qui fut très-préjudiciable au service du roy. Le duc de Savoye lui promit de faire faire une grande fortune à ses enfans, & ils convinrent que de deux places qu'on prendroit, le duc de Savoye mettroit garnison dans l'une, & la comtesse de Sault dans l'autre.

Le comte de Carces, & messieurs d'Ampus & Resandun, se mirent à la teste d'un détachement de quatre mil hommes de pied & huit cents chevaux, moitié de l'armée des Provençaux & moitié Savoyards, pour engager le parlement à approuver & accéder au traité conclu & arresté dans la conférence avec Mr. de Ligny. Mr. de la Valette instruit de cette démarche audacieuse, fut convaincu de l'impossibilité de l'empêcher; il crut toutesfois qu'il estoit de son devoir d'y mettre tous les obstacles possibles. Il fit insinuer à cet effet au comte de Carces par des personnes qui paroissoient impartiales, qu'il paroissoit singulier à toutes les personnes intelligentes qu'il voulut introduire le duc de Savoye en Provence; qu'il agissoit en cela contre la saine politique, parce que dès l'instant que ce prince y seroit establi, il ne manqueroit pas pour rendre sa domination solide & inébranlable, de se défaire à la façon des Espagnols des principaux chefs Provençaux. *Laissons à part,* disoient ces gens, *ce que nous devons au roy, auquel nous ne voulons pas prendre garde, parce qu'il est hérétique; il est constant que les princes de la maison do Lorraine ont plus de droit à la Provence, que ce Savoyard auquel vous voulez faire avaler le morceau que Mr. de Mayenne a maché, & envers lequel il se monstre ingrat; d'ailleurs aux choses faites il n'y a plus de remede; celle là est très importante; vous devez y bien penser avant d'aller plus avant.*

Le résultat de l'assemblée qu'on tint à Aix, fut d'envoyer des députés au duc de Savoye pour le supplier de prendre la Provence sous sa protection, & d'y venir en personne avec une forte armée. On députa en conséquence l'Evêque de Riez pour le clergé, Mr. d'Oise pour la noblesse, l'avocat Fabregue pour le tiers état, & Mr. d'Ampus pour les procureurs du pays. Le baron de Meulhon fut chargé de porter cette délibération au duc de Savoye. Le comte de Carces, quoiqu'il eut le premier signé & approuvé la délibération prise à Grace, de reconnoistre le duc de Savoye pour souverain de Provence, il refusa toutesfois de consentir & approuver celle d'Aix; preuve évidente que les réflexions qu'on lui avoit insinuées, & dont nous avons fait cy-dessus mention, avoient fait grande impression sur son esprit. Les villes d'Arles & de Marseille, refuserent aussi d'approuver cette délibération. Les habitans de cette derniere ville tinrent mesme un grand conseil dans leur hostel-de-ville, dans lequel ils conclurent de n'avoir aucun recours au duc de Savoye, & d'écrire au pape, au grand duc de Toscane & à la république de Gênes pour les supplier de les sécourir au cas qu'on voulut les contraindre d'agir contre ce qu'ils avoient délibéré; & qu'en attendant il n'en seroit nullement question, & qu'on ne parleroit point du duc de Savoye, du roy de Navarre des Espagnols, ny des *Bi-*

garrats. C'estoit le sobriquet qu'on donnoit aux catholiques fideles serviteur du roy).

Mr. de la Valette, pour faire diversion, surprit la ville de Barcelonette, capitale de la valée de ce nom. Il y trouva une grande quantité de provisions de guerre & de bouche, que le duc de Savoye y avoit fait pour son armée de Provence, & qui fut d'un grand secours pour celle du roy. Les ligueurs voyant Mr de la Valette éloigné, allerent assiéger Salon, située à huit lieues d'Aix. Ils dresserent deux batteries contre les fauxbourgs, & y ayant fait deux bresches, ils donnerent deux assauts. Mais Mr. de Perronne, gouverneur de cette ville, à la teste de la garnison, repoussa les ennemis avec grande perte. Sa garnison n'estant pas toutesfois suffisante, il abandonna les fauxbourgs, & se retira dans la ville. Mr. de la Valette accourut au secours de cette ville, & alla camper à Rognes, à trois lieues de l'armée ennemie. En attendant d'avoir rassemblé ses troupes qui estoient éparses en divers quartiers, il jetta dans cette place cent soldats pour encourager les assiégés. Lorsque les ennemis se disposoient à dresser leurs batteries contre la ville, ils apprirent que ce secours y estoit entré; ils furent si effrayés qu'ils se retirerent la même nuit avec tant de désordre qu'ils abandonnerent dans les fauxbourgs la plus grande partie de leurs munitions: Mr. de Perronne fit alors une sortie sur les ennemis, & en fit passer un grand nombre au fil de l'épée. Ils perdirent dans ce siege ou dans cette sortie quinze cents hommes; ce qui acquit beaucoup de gloire à ces braves gens.

Le duc de Savoye avoit envoyé une de ses galleres pour porter de l'argent à son armée en Provence, & conduire les députés des ligueurs. Lorsque ces ambassadeurs furent introduits, ils prononcerent la harangue suivante devant le duc de Savoye, la duchesse son épouse, ses ministres, & conseillers d'état.

PRINCE DÉBONNAIRE, CHRESTIEN ET CATHOLIQUE.

Le pays de Provence abondant en toutes sortes de commodités pour la vie, de tres-bons & assurés ports de mer, des villes riches, peuplées & habitées par d'honorables prélats, de doctes juges, & de bons magistrats, d'une magnanime noblesse, de bons bourgeois, & de riches marchands, d'un peuple pénible, & adonné au travail; pays jadis florissant, & à bon droit nommé par les Romains province des provinces, abondant en bestail, en poissons, en sel, & en fruits, maintenant fort triste & désolé. Craignant de tomber sous la domination contraire à la religion catholique, a demandé conseil à Dieu son conservateur qui l'a eu de tout temps si chere; car d'abord après la mort de son fils notre sauveur Jesus-Christ, il l'a voulu armer de forts & inexpugnable remparts contre toutes héréſies; ſavoir d'un ſaint Lazare ſon bon ſerviteur & ami, qui fut Evêque de Marſeille, des ſaintes ſœurs Marthe & Marie-Magdelaine, d'un ſaint Maximin, l'un des vingt-ſept diſciples de Jeſus-Chriſt, & de Madame ſainte-Anne mere de la très-ſacrée Vierge-Marie mere de Dieu, tous leſquels vinrent en Provence pour y planter la foi chrétienne, laquelle de ſiecle en ſiecle & de pere en fils a eſté dévotement & religieuſement obſervée, & deſquels ſaints les corps bienheureux repoſent dans les principales égliſes de cette province : cette province, dis je, ayant invoqué ſouvent le ſaint-Eſprit pour ſavoir ſous quelle protection & ſauve-garde elle pourroit ſe mettre contre les hérétiques & leurs fauteurs, qui ſemblent déjà tenir preſtes leurs mains ſanglantes pour la déchirer, elle n'a trouvé aucun prince plus digne de la dominer, régir, & gouverner que votre alteſſe, & c'eſt après avoir ſainement & meurement délibéré ſur cet objet important dans pluſieurs aſſemblées particulieres & publiques. Les Lorrains, ſes princes naturels, ont eu d'ailleurs peu de cœur & de ſoin pour la recevoir, la garantir, & la conſerver. Ainſi tous les Provençaux d'une meſme voix pouſſée du ſaint-Eſprit ſe ſont donnés & ſe donnent à vous, prince débonnaire, toujours victorieux & auguſte; ils ſe jettent entre vos bras, vous ſuppliant très-humblement de les recevoir & tenir pour vos très-bons & fidelles ſujets & vaſſeaux. Ils ne ſont ſoumis à la couronne de France que par la force faite au roy René de Lorraine en l'année mil quatre-cent ſoixante ſeize; & ce n'est que depuis ce temps-là qu'ils sont incorporés & inféodés tyranniquement au domaine François. Ils s'assurent, très-excellent prince, que votre altesse les recevra, les garantira, & les sauvera envers tous & contre tous. Vous serez leur ancre sacrée & port de salut. Et à ces fins la cour du parlement, souverain magistrat, & les procureurs du pays légitimement & duement assemblés, avec les consuls de toutes les villes, en la ville d'Aix capitale de Provence, nous ont authentiquement députés & commis pour leurs ambassadeurs vers vostre altesse pour venir offrir expressément à vostre grandeur & puissance les personnes, les biens, & les fortunes de chaque particulier, & de tout le domaine ancien & affecté appartenant aux comtes de Provence, vrais maistres & seigneurs de cette province. Ce que nous, présentement au nom dudit pays, suivant nostre pouvoir authentique & notre commission, vous offrons affectueusement & libéralement, prince débonnaire, vous disons & proclamons comte de Provence, Forcalquier, & terres adjacentes, vous & les vostres, vous suppliant très humblement de nous recevoir, protéger, & conserver dans nos franchises, droits & privileges: & pour la gloire qui en reviendra à Dieu, le soulagement de l'église, le soutien de la sainte foi catholique, apostolique & romaine, Dieu bénira vos jours, & enfin vous recevra en son paradis.

La vanité de ces paroles remplit tellement d'orgueil & d'ambition le cœur de ce duc de Savoye, qu'il se proposa la conqueste de la Provence comme très-facile, d'autant plus que le roy, par la multitude d'embarras qu'il avoit, n'eſtoit pas en état de la ſecourir. Il renvoya les députés avec forces préſens & bonne chere, leur donnant de grandes eſpérances.

Le comte de Carces & ceux de ſa faction, déſapprouverent hautement le parti qu'on avoit pris de reconnoiſtre le duc de Savoye pour ſouverain de Provence, au préjudice des princes de la maiſon de Lorraine. Ils prirent meſme querelle à ce ſujet avec meſſieurs d'Oiſe, d'Ampus, Beſardun & la comteſſe de Sault, qui ſoutenoient vivement le duc de Savoye. Cette diſpute fut pouſſée avec tant d'ardeur, qu'il y eut pluſieurs perſonnes tuées de l'un & de l'autre parti. Toutesfois la faction de la comteſſe de Sault prévalut, & le comte de Carces fut obligé de ſe refugier à Marſeille. Il ne manqua pas de confirmer le peuple de cette ville dans la mauvaiſe volonté qu'il avoit pour le duc de Savoye. La comteſſe de Sault ne ſe contenta pas d'avoir chaſſé le comte de Carces ; elle fit meſme pendre quelques-uns de ſa faction, & en fit empriſonner d'autres auxquels elle fit faire le procès comme criminel de leze-majeſté. Ce qui eſt une preuve inconteſtable de la grande authorité de cette dame.

Le duc de Savoye, après le départ des ambaſſadeurs Provençaux, députa Mr. de Ligny au roy d'Eſpagne Philippe ſecond, avec ordre de lui repréſenter que la fortune ennemie de la France

» lui présentoit le moyen de s'aggran-
» dir; qu'il ne devoit pas perdre cette
» occasion; que la Provence si enviée par
» l'empereur Charles-Quint son pere,
» & qui lui avoit cousté deux fois tant
» de sang & de dépense pour en faire
» la conqueste, venoit se présenter
» d'elle-mesme pour le supplier de s'en
» emparer; que les affaires du roy de
» France estoient dans un état déplo-
» rable; que le comté d'Avignon, &
» les villes d'Arles & de Marseille qui
» avoient fait échouer l'entreprise du
» feu empereur, estoient à présent dans
» des sentimens différens, & estoient
» les lieux les plus contraires aux in-
» terests de la France; que si cette vaste
» monarchie se rétablissoit, ce qui pa-
» roissoit impossible à cause de la grande
» confusion qui s'y trouvoit, cependant
» l'aquisition de la Provence estoit pour
» lui d'une très-grande importance,
» parce qu'elle affermiroit ses états
» d'Italie; que cette province perdue
» pour les François, ils perdroient in-
» failliblement tout leur crédit en Italie,
» & sur-tout auprès de la république
» de Venise. Que cette facile conqueste
» enleveroit à la France tout le com-
» merce du Levant, & mettroit fin à
» ses intelligences perpétuelles avec le
» Turc; qu'alors l'Espagne feroit une
» paix perpétuelle, ou du moins une
» longue treve avec le grand seigneur;
» & qu'alors il lui seroit très-facile de
» parvenir à la monarchie universelle
» dans l'Europe chrestienne.

Philippe

Philippe II. communiqua toutes ces réflexions à ſon conſeil, elles furent approuvées; on enviſagea la conqueſte de la Provence comme infaillible & qui ne coûteroit aucune peine à cauſe du grand nombre des partiſans que l'Eſpagne & le duc de Savoye avoient dans cette province. En conſéquence, le roy d'Eſpagne donna ordre à ſon admiral André Doria, d'aller avec trente galeres dans les royaumes de Naples & de Sicile, faire des proviſions immenſes de guerre & de bouches, & d'aller enſuite ſur les côtes de Provence, joindre les dix-ſept galeres qu'on avoit données à Mr. de Ligny, qui eſtoient chargées de gens de guerre, de vivres, & beaucoup d'argent.

Auſſi tôt que Philippe II. eut ſigné cette ligue avec le duc de Savoye, ce prince leva dans ſes états & dans le duché de Milan, douze mil hommes de pied & deux mil chevaux. Il eſtablit auſſi des magaſins conſidérables dans les villes de Nice, Villefranche, & Antibe. Il avoit lui ſeul plus de canons qu'il n'y en avoit dans toute la France, depuis l'uſurpation qu'il avoit faite l'année derniere du marquiſat de Saluces. Car il avoit trouvé dans la ſeule ville de Carmagnole plus de trois cents pieces qui appartenoient, & qui avoient été acquis par les roys de France dans les guerres qu'ils eurent à ſoutenir contre l'Empereur, le duc de Savoye, & autres princes d'Italie.

Le duc de Savoye excité par l'intereſt & par l'ambition, envoya Mr. d'Ampus à Aix, avec ordre de dire à ſes nouveaux ſujets de Provence, que dès l'inſtant que les galeres d'Eſpagne conduites par Mr. de Ligny & celles d'André Doria aborderoient les côtes de Provence, il deſcendroit avec ſon armée par la vallée de Sture, pour la joindre à celle qu'ils avoient levée dans le pays; que les deux corps joints enſemble, formeroient une armée de dix-huit mil hommes de pied & de deux mil cinq cent chevaux; & qu'il leur envoyoit de l'argent pour payer leurs troupes. Auſſi-tôt que Mr. d'Ampus eut rendu compte de ſa commiſſion, les ligueurs firent toutes les diſpoſitions néceſſaires pour mettre leurs armées en campagne. Ils allerent enſuite à Barcellonette, où le duc de Savoye leur avoit donné rendez-vous. Les ligueurs Provençaux attaquerent en chemin Barjols, petite ville à cinq lieues de Riez. Comme ce poſte eſtoit important, Mr. de la Valette y jetta cinq cents fantaſſins; mais le commandant ayant été tué, ils capitulerent: on leur promit la vie; mais lorſque les ligueurs eurent ſignés & jurés les articles de la capitulation, & qu'ils furent maiſtres de cette ville, ils maſſacrerent de ſang froid tous ces malheureux ſoldats. Le duc de Savoye avec toutes ſes forces aſſiegea & prit la ville de Barcellonette ſur la fin du mois de Juillet. Enſuite il remit le commandement de ſon armée de Provence au comte de Martinengue, lieutenant général, estimé un des meilleurs capitaines d'Italie. Ce nouveau général fit publier & régistrer au parlement d'Aix sa commission de général des troupes de Savoye.

Le comte de Martinengue, avec son armée & celle de la ligue, alla assiéger la ville de saint Maximin à six lieues d'Aix. Il fit tirer quatre mil coups de gros canon contre cette place ; ils y avoient mesme fait une bresche de trois cents pas ; mais Messieurs de Chambaut & de Valavoire défendirent cette ville avec une valeur incroyable ; ils rendirent tous les efforts des assiégeans inutiles, & ils furent obligés de se retirer honteusement après vingt-huit jours, où ils perdirent l'élite de leurs troupes.

Le comte de Carces qui désapprouvoit fort le parti que les ligueurs avoient pris de reconnoistre le duc de Savoye souverain de Provence, se reconcilia dans ce temps-là avec ce prince, & il prit son parti par l'exprès commandement de Charles de Lorraine, duc de Mayenne son beau-pere ; il se reconcilia aussi avec la comtesse de Sault.

Le duc de Savoye entra en Provence par Nice au commencement de l'année 1591, & il alla joindre l'armée du comte de Martinengue. Il fut reçu dans Marseille en qualité de prince souverain & de comte de Provence, malgré la résolution de cette ville qui n'avoit pas approuvé la délibération d'Aix. Il fut introduit dans cette ville par les intrigues de la comtesse de Sault & du comte de Carces, & par les pistoles que le duc de Savoye fit répandre parmi les factieux & le peuple. Il n'y eut toutesfois que de foibles acclamations; un morne silence regnoit dans cette ville. Les consuls & autres magistrats persisterent dans la neutralité. Le duc de Savoye y séjourna pendant trois mois; mais il n'osa faire aucune demande, parce qu'il comprit que cette ville n'estoit pas trop disposée pour lui. Ce fut de Marseille que ce prince écrivit le douzieme de mars de cette mesme année 1592. à tous les magistrats des villes de Provence qui le reconnoissoient pour souverain de ce pays : il leur disoit « qu'il partoit pour l'Espagne avec les » députés de l'assemblée générale, pour » demander au roi Philippe second un » secours d'hommes & d'argent; que son » voyage seroit d'un mois, ou de six » semaines; qu'il laissoit son armée en » bon état sous les ordres de son gé- » néral le comte da Martinengue, & » l'administration & gouvernement à » la cour du parlement d'Aix. Qu'au » surplus, ils comptoit qu'ils persévé- » reroient dans l'affection & le zele » pour la défense de la sainte cause » & pour son service; qu'il les prioit » de continuer à se diriger par les con- » seils de madame la comtesse de Sault, » dont l'intelligence & la prudence » pour la conduite des affaires du pays, » leurs estoient à tous parfaitement con- » nues; les assurant au surplus, qu'à

» son prochain retour il les délivreroit
» de tous les hérétiques & de leurs
» adhérans.

Mr. de la Valette se rendit à Sisteron, pour conférer avec Mr. de Lesdiguieres & l'engager à lui donner un prompt secours. Mr. de Lesdiguieres non-seulement le lui accorda, mais il voulut lui-mesme le conduire. Ces deux généraux marcherent d'abord à Berre. Le baron de Mesplez commandoit dans cette place importante; mais il estoit prest de succomber; les ennemis le serroient de fort près par plusieurs petits forts qu'ils avoient construits tout au tour de Berre: ils le dégagerent, renforcerent la garnison, & ils continuerent ensuite de marcher vers l'armée du comte de Martinengue; & Messieurs de la Valette & de Lesdiguieres arriverent le lundi de pâques proche des ennemis; ils occupoient trois bourgs, Sparron, saint-Martin & Rians. Le général Martinengue, voyant que Lesdiguieres & la Valette marchoient avec une constance fiere vers Sparron, dans le dessein de l'attaquer & de s'en emparer, se mit à la teste de huit cents arquebusiers & cinq cents chevaux pour se jetter dans cette place. Lorsqu'ils furent proche de ce bourg, ils furent attaqués si brusquement & avec tant de vivacité par Mr. du Poüet, qui estoit à la teste des troupes de Mr. de Lesdiguieres, que la pluspart furent tués ou pris: ce brave officier continuant à les poursuivre, acheva de les dissiper. Il leur enleva deux cornettes, celle de Martinengue & celle de la comtesse de Sault. Ce premier combat finit à cinq heures du soir. Douze cents arquebusiers & trois cents cavaliers des ennemis se retirerent à Sparron. La Valette & Lesdiguieres investirent ce bourg; saint Andiol Provençal & de Poy, guidon de la compagnie de Mr. le baron de Montaut, firent mettre pied à terre aux cavaliers, & s'estant mis à leur teste, ils pénétrerent jusqu'au milieu dudit bourg; mais ils trouverent l'ennemi si fort & si bien barricadé, qu'ils furent obligés de se retirer, d'autant plus que la nuit approchoit. Le lendemain la Valette & Lesdiguieres attaquerent le bourg d'Sparron; ils pousserent les ennemis de rue en rue; ils se refugierent dans une église, un colombier & un moulin. Ils les forcerent alors de capituler; ils se rendirent prisonniers de guerre, & les deux généraux s'emparerent des chevaux, armes, équipages, & bagages, qui furent partagés sur le champ aux soldats & aux cavaliers par les capitaines. Quatorze drapeaux demeurerent aux vainqueurs: on ne put avoir les cornettes de cavalerie, parce que les ennemis les avoient brûlés. Les principaux prisonniers furent messieurs Alexandre Vitelly, Italien, saint-Romans du Languedoc, Cucuron, Castelet, Frederic, & deux Provençaux. Le duc de Savoye perdit dans ces combats quinze cents arquebusiers & quatre cents cavaliers.

Les victorieux auroient pu après cet exploit exterminer les Savoyards ou les expulser de la Provence, si Lesdiguieres n'eût été rappellé en Dauphiné au grand regret de Mr. de la Valette. Il continua toutes fois avec sa petite armée de tenir les ennemis en eschet. Il emporta le bourg de Pignans proche de Toulon, & tailla en pieces trois cents hommes qui y estoient en garnison. Il se rendit ensuite à Frejus; Mr. de Tourbes estoit gouverneur de cette ville; il avoit des intelligences avec le comte de Carces & autres ligueurs. D'ailleurs il traitoit les habitans avec beaucoup de hauteur & de dureté. Mr. de la Valette employa l'adresse & la douceur pour destituer un homme aussi suspect & aussi dangereux de cette place importante, & il y establit pour gouverneur Mr. de Castillon, très-fidele sujet du roy.

Le duc de Savoye arriva peu de jours après à Marseille, avec quinze galleres chargées de mil soldats Espagnols. Il reçut aussi en mesme temps quelques troupes levées de nouveau en Piedmond. Il alla avec toutes ces troupes assiéger Berre. Mr. de Mesplez, gouverneur de cette place, y fit des prodiges de valeur. Mr de la Valette fit tous ses efforts pour le secourir; mais n'ayant pas des forces suffisantes pour attaquer avec avantage les ennemis, & leur faire lever le siege, il conjura Mr. de Montmoranci, gouverneur du Languedoc, & Mr. de Lesdiguieres de lui accorder un prompt secours. Mais ils avoient alors l'un & l'autre besoin de toutes leurs troupes ; & ils le refuserent. Ainsi Berre fut pris par le duc de Savoye.

Mr. de la Valette n'estant pas en état de nuire par la force aux ennemis du roy & de l'état, trouva moyen de mettre la défiance & la division entre le duc de Savoye, la Comtesse de Sault, le comte de Carces & autres ligueurs. Voici comme il s'y prit : Il y avoit dans Aix un evêque, lequel je ne nommerai pas par discretion. Je ne sçay si excité par zele pour le service du roy ou par interest, pour jouir en sureté des bénéfices qu'il avoit, & qui estoient situés en Provence & en Dauphiné, & qui estoient par conséquent en la disposition de Mr. de la Valette, ou pour quelqu'autre motif que j'ignore. Il est certain que dans divers voyages qu'il faisoit en Provence, il avoit de fréquentes conférences avec Mr. de la Valette, & il lui donnoit souvent de forts bons avis. Un jour après la prise de Berre, il s'entretint longtemps avec Mr. de la Valette, sur les moyens de semer la division entre le duc de Savoye & la comtesse de Sault. Ce prélat ne manqua de mettre bientôt tous ces moyens en jeu. Il fut passer quelques jours à Aix. Il estoit particuliérement connu du comte de Martinengue & de la comtesse de Sault ; ils le croyoient l'un & l'autre affectionnés à la ligue, & pour cet effet, ils l'appelloient souvent dans leurs conseils,

& lui communiquoient mesme leurs projets Se trouvant un jour teste-à teste avec Martinengue, il lui dit, affectant de lui monstrer de la confiance, « que les » Provençaux s'estant donnés de leurs » gré au duc de Savoye, ils se flattoient » avec raison, de voir établi dans cette » province un gouvernement ferme, » solide, & stable, parce qu'ils re- » connoissoient dans son altesse un gé- » nie supérieur, & toutes les éminentes » qualités qui font un grand prince ; » mais qu'ils seroient bien loin de leur » compte s'ils estoient gouvernés par » une femme ambitieuse, hautaine & » inconstante, qui à la fin gâteroit tout » si son altesse n'y prenoit garde ; qu'il » estoit convenable qu'il souffrit les » divers sentimens de ses conseillers » d'état, qui n'agissoient que par zele » pour son service, & qui estoient d'ail- » leurs très-experts dans la politique » & la direction des affaires ; mais que » l'esprit dangereux de cette femme » ne pouvoit estre que préjudiciable à » ses interests. » On comprend bien que le prélat n'avoit en vue en parlant ainsi, que de décréditer la comtesse de Sault. Le général Martinengue adopta la sagesse de ce conseil, il lui fit illusion, & il le crut inspiré par le zele & l'affection que le prélat avoit pour le duc de Savoye.

Le mesme evêque eut peu de temps après un entretien particulier avec la comtesse de Sault. Voici les propos qu'il lui tint. Il lui représenta » qu'elle

» devoit prendre garde que le duc de » Savoye ne se rendit trop maistre en » Provence, parce qu'infailliblement » elle en seroit la dupe, parce qu'il » auroit alors la puissance de la détruire » elle & ses enfans; qu'il se serviroit » d'elle & du crédit qu'elle avoit en Pro- » vence aussi long-temps qu'il en auroit » besoin & qu'il tireroit profit & avan- » tage, & qu'après il se déferoit d'elle » par des subtils moyens; qu'au reste, elle » ne devoit pas se flatter que le duc de » Savoye tint aucune des promesses qu'il » lui avoit faites. *Et en effet*, ajouta-t-il, *il vous avoit positivement promis, que dans toutes les places qu'il prendroit sur les fauteurs des hérétiques, les garnisons seroient mi-parties, savoir la moitié de Savoyards & l'autre moitié de Provençaux; il n'en a pas toutesfois usé ainsi dans la derniere conqueste qu'il a faite de Berre; car sous vos propres yeux, il s'est approprié pour lui seul cette place, & sans vostre agréement il y a establi un gouverneur, & une garnison savoyarde.* Ces paroles spécieuses firent impression sur l'esprit de la comtesse de Sault. Elle se plaignit amérement au duc de Savoye de ce qu'il ne gardoit aucune des conventions du traité qu'il avoit fait avec elle, & elle exigea, que la moitié de la garnison de Berre fut de soldats Provençaux. Le duc, pour s'excuser, lui dit qu'elle se trompoit, qu'il lui avoit simplement promis le partage des places qu'ils prendroient, qu'en conséquence, la premiere devoit estre en sa disposition, & la seconde dans la sienne. Nonobstant toutes ces belles raisons, la mésintelligence continua de subsister entre la comtesse de Sault & le duc de Savoye.

Ce prince, pour se débarrasser des demandes importunes de cette dame, mit ses troupes en campagne; il alla investir le Puy-Sainte-Reparade à deux lieues d'Aix. La place estoit bonne; Mr. de la Valette y avoit établi pour gouverneur Mr. de saint Cannat, avec une garnison de cinq cents soldats; & il se flattoit avec raison que cette place feroit une belle défense.

Mr. de la Velette fut de nouveau demander du secours à Mr. de Lesdiguieres; après avoir conféré ensemble, ils réunirent leurs forces, & allerent assiéger la ville de Digne, située à sept lieues de Sisteron. Ces deux généraux firent dresser une batterie de canon contre la ville; à peine eut-on tiré quelques coups de canon, que les assiégés capitulerent & rentrerent sous l'obéissance du roy. La Valette & Lesdiguieres marcherent au secours de saint-Cannat. Sainte-Reparade, que ce brave officier défendoit avec tant de valeur, avoit essuyé plus de trois mil coups de canons; il y avoit mesme une bresche considérable; le duc de Savoye avoit mesme fait donner quatre assauts, & il avoit toujours été repoussé avec grande perte. Aussi-tôt que ce prince apprit la prise de Digne, & que messieurs de la Valette & de Lesdiguieres marchoient à lui, il leva avec précipitation le siege du Puy-sainte-

Reparade qu'il assiégeoit depuis quarante jours. Mr. de saint-Cannat s'estant apperçu de la retraite des ennemis, fit une sortie vigoureuse sur eux, & en tua plusieurs. Ils perdirent, soit pendant le siege & à cette sortie, huit cents hommes, un maistre de camp Espagnol, deux capitaines, & plusieurs autres officiers de distinction.

Le duc de Savoye fut à peine retourné à Aix, que la comtesse de Sault lui fit de nouvelles & vives instances pour la restitution de Berre. La mésintelligence devint si grande, que le duc de Savoye fit arrester la comtesse de Sault avec son fils, & fit destituer Mr. de Merargues du consulat. Son altesse vouloit aussi faire arrester Mr. de Besaudun ; mais il se sauva pendant la nuit à Marseille. La comtesse de Sault ayant trouvé le moyen de s'échapper de sa prison, se sauva à Marseille ; son fils qui la suivoit, fut pris par les royalistes, qui le conduisirent à Mr. de la Valette, qui après l'avoir exhorté d'estre fidele sujet du roy, le renvoya sans rançon, & le fit conduire jusqu'aux portes de Marseille ; la comtesse de Sault rentrée dans cette ville, y causa une petite révolution. Tous les partisans du duc de Savoye furent chassés, sa galere désarmée, & saisie, tous les partisans du roy rappellés, & la reprise du monastere de saint-Victor sur le baron de Meulhon qui s'en estoit saisi par surprise pour le duc de Savoye, furent les effets de la vengeance de la comtesse de Sault. Les artifices

artifices que Mr. de la Valette employa pour semer la division parmi les ennemis du roy, lui furent fort avantageux.

Mr. de la Valette, considérant que le bourg de Vinon sur la riviere de Verdun estoit un poste important pour incommoder la ville d'Aix, le fit fortifier & y mit une garnison de quatre cents arquebusiers sous les ordres du brave Mesplez. Les habitans d'Aix, fâchés des dommages que la garnison de Vinon luy causoit par ses courses continuelles, engagerent le duc de Savoye d'attaquer cette place. Ce prince, à la teste de trois mille arquebusiers & neuf cens cavaliers & son artillerie, arriva devant Vinon le 16. Décembre 1591. & la nuit il commença à battre cette place, & qu'il continua les jours suivans. Mr. de la Valette marcha au secours de cette place le 19. Décembre; il n'avoit que cinq cents arquebusiers & quatre cents cinquante maistres à cheval. Il y avoit sur ses enseignes un trophée d'armes environné de flammes, avec cette dévise latine: *Hâc luce viam.* Le duc de Savoye passa la riviere de Verdon avec toute sa cavalerie consistant en neuf cent maistres & mille arquebusiers. Il avoit laissé ses autres troupes pour la garde de son camp & tenir en respect la garnison de Vinon. Les forces de Mr. de la Valette estoient inférieures à celles du duc de Savoye; ce qui engagea ce général à user d'une ruse pour en imposer à son ennemi. Il fit monter tous les valets sur des chevaux de bagage avec des enseignes en guise de compagnies d'ordonnances, & les plaça sur une petite colline à la vue des ennemis. Le duc de Savoye envoya reconnoistre les troupes de Mr. de la Valette : sa fiere contenance & cette troupe réunie de valets que les Savoyards prirent pour le corps de réserve, les intimida si fort que le duc de Savoye n'osa l'attaquer. Mr. de la Valette voyant que son altesse avoit divisé son armée & que la nuit approchoit, fit sur le champ ses dispositions ; il chargea les ennemis avec tant de valeur, & il fut si bien secondé que dans moins d'une heure l'armée du duc de Savoye fut en deroute : il laissa sur le champ de bataille, deux cents cinquante cavaliers, parmi lesquels fut reconnu le comte de Viceguerre, officier fort estimé du duc de Savoye, & le sieur de Fortia d'Avignon, qui commandoit une compagnie de gens de cheval. Le duc de Savoye se sauva à saint Paul, à la faveur d'une petite jument barbe très-vite qu'il montoit d'ordinaire. Mr. de la Valette, avec ses troupes victorieuses, alla camper au bord de la riviere de Verdon. Il jetta deux cents arquebusiers dans Vinon. Il ordonna à Mr. de Mesplez, qui commandoit dans cette place, de veiller sur l'ennemi, & de faire une sortie vigoureuse au cas qu'il décampât pendant la nuit. En effet les Savoyards effrayés de la déroute de l'armée, & craignant que Mr. de la Valette ne vint les attaquer, décamperent à minuit ; alors Mr. de Mesplez, à la teste de sa garnison fit une sortie sur eux ; il en tua plusieurs,

& s'empara de leurs canons. Mr. de la Valette n'eût dans ce combat que cinq cavaliers de tués, & autant de bleſſés. Le premiers fruit de cette victoire fut que pluſieurs places ſe rendirent au vainqueur, & rentrerent ſous l'obéïſſance du roy, entre autres les villes de Martegues, & la Ciutat.

Le duc de Savoye ſe retira dans Aix, hay & mocqué non-ſeulement des habitans, mais généralement de tous les Provençaux, ſi bien matté & vaincu que depuis il n'eût ni la hardieſſe ni la puiſſance d'entreprendre rien en Provence. A l'égard de Mr. de la Valette, il fut toujours modeſte, & il n'eut aucune vanité d'une action ſi glorieuſe.

Mr. de la Valette fit ſon poſſible au commencement de l'année 1592, pour engager le duc de Savoye à ſortir d'Aix pour l'engager à un nouveau combat, mais n'ayant pû l'y attirer, il alla mettre le ſiege devant le bourg de Roquebrune, à une lieue de Frejus. On tira de cette place pluſieurs mouſquetades, dont l'une lui porta un coup mortel à la teſte. Il paſſa treize heures depuis cette bleſſure dans une grande ferveur de piété, il implora la miſéricorde de Dieu, il reçut tous les ſacremens de l'égliſe, il conſola ſes amis, il les exhorta à eſtre inébranlables dans la fidélité pour le ſervice du roi, & il mourut pénétré des ſentimens de réligion en chrétien qui avoit toujours bien vécu. Mr. de la Valette mourut l'onzieme jour de Février, mil cinq cent quatre-vingt douze à l'âge de trente cinq ans.

Mr. de la Valette, peu de jours après le combat de Vinon, par un espece de pressentiment, que ce seroit son dernier exploit, fit son testament. Condescendant à la derniere volonté de son épouse, il ordonna la fondation d'un couvent de Minimes, & d'un Hôpital pour les pauvres malades, dans sa terre de Caumont. Il fonda aussi un couvent de Capucins dans la ville de Saluces; il fit aussi des legs à ses amis, & à ses domestiques, & comme il n'avoit point d'enfans, il institua son héritier universel Jean-Louis de Nogaret duc d'Epernon son frere, & pour exécuteurs testamentaires, Messieurs de Castillon, lieutenants de sa compagnie d'hommes d'armes, & de Mauroy secretaire du roi. On conseilla au duc d'Epernon de répudier cet héritage comme trop onéreux; mais il répondit avec générosité, que le respect qu'il avoit pour la mémoire de son frere aisné, lui estoit plus cher que son utilité particuliere. Mr. de la Valette laissa le roi Henri le grand, toute la France, & sur-tout les Provençaux fidelles serviteurs du roi, pénétrés de la plus profonde douleur de sa mort, & de la plus haute admiration pour ses vertus.

Voici quatre vers qu'on fit dans ce temps-là à l'honneur de Mr. de la Valette, & qui furent gravés sous son portrait.

A l'honneur de mon Dieu, à l'estat de mon roy,
Je desvouay mon ame & consacray ma vye,
Si le sort & la mort triompherent de moy,
Mon courage & ma foy triomphent de l'envye.

FIN.

BIBLIOTHEQUE DE L'ARSENAL

www.ingramcontent.com/pod-product-compliance
Ingram Content Group UK Ltd.
Pitfield, Milton Keynes, MK11 3LW, UK
UKHW020112200726
13856UKWH00002B/512

9 782013 050678